新考规！一册在手，轻松过关！

U0662809

安全驾驶
路路通

◎ 王淑君　主编

——汽车驾驶员培训教材

适用于
C1、C2、C3、C5

Carrera GT

机械工业出版社
CHINA MACHINE PRESS

本书根据最新道路交通安全法律法规、最新《机动车驾驶培训教学大纲》、最新驾驶证考试规定，以学车考证和培养实际道路安全驾驶技能为出发点，对学车考证的基础知识、驾驶基本操作知识、空间判断能力的培养、参照点的选取规律和技巧、科目二和科目三驾驶训练及应试技巧进行了直观、详细的介绍。

本书图文并茂、通俗易懂，适用于小型汽车（C1）、小型自动档汽车（C2）、低速载货汽车（C3）和残疾人专用小型自动档载客汽车（C5）驾驶员考试培训及自学使用，也可供驾车新手学习和参考。

图书在版编目（CIP）数据

安全驾驶路路通：汽车驾驶员培训教材：适用于
C1、C2、C3、C5/ 王淑君主编. — 北京：机械工
业出版社，2017.3（2021.7重印）
ISBN 978-7-111-56019-7

Ⅰ.①安… Ⅱ.①王… Ⅲ.①汽车驾驶-资格考试-
自学参考资料 Ⅳ.①U471.3

中国版本图书馆CIP数据核字（2017）第027065号

机械工业出版社（北京市百万庄大街22号 邮政编码100037）
策划编辑：陈玉芝 责任编辑：陈玉芝 王华庆
责任校对：陈 越 封面设计：张 静
责任印制：常天培
固安县铭成印刷有限公司印刷
2021年7月第1版·第3次印刷
169mm×239mm·10.5印张·181千字
标准书号：ISBN 978-7-111-56019-7
定价：49.80元

前　言

学车靠的是巧劲，掌握了驾驶中的视觉规律，就可以准确地判断车辆的位置，大大加快车感的建立，大幅度压缩学车进程。

本书以学车考证和培养实际道路安全驾驶技能为出发点，对学车考证的基础知识、驾驶基本操作知识、科目二和科目三驾驶训练及应试技巧进行了直观、详细的介绍，并对实际驾驶中一些视觉规律进行了详细介绍，总结了一些行之有效的判断车辆位置的方法，以使广大读者快速、灵活地学车并顺利通过考试。

需提醒读者注意的是，要判断车辆在路面上的位置，必须在车体上或地面上选取参照点。参照点的选取原则是：以驾驶操作要求（指定的位置或路线等）为目标，选取适合自己操作习惯和特点的参照点，熟练后可以动态地选取参照点，而且应当是多个参照点，并要扫视每个关键参照点，这样就可以准确判定车辆在立体空间所处的位置，安全准确地把车开到目标位置，在实际驾驶中也可以避免四角刮擦等事故。然而，本书中介绍的参照点是用来示范驾驶方法的，每个人的具体操作会有自己的特点，因此参照点的选取位置也不唯一。用同样的方法完成同样的操作，不同的人看到的参照点的位置也会有一些小差别；同一个人的驾驶姿势变了，参照点的位置也会改变。因此，要通过书中的实例学方法，学会方法后，一通百通，学车效率就会倍增。另外需提醒读者的是，掌握了驾驶中的视觉规律只能大大加快学车进程，但不能形成技能，技能必须经过若干次反复练习才能形成。

本书由王淑君主编，宋倩、侯攀、王海琼、王会军、王苏巍、苏国芳、宋志华、王玉玲、王业荣、石磊、李庚参加编写。

由于作者水平有限，书中不足之处在所难免，恳请广大读者批评指正。

编　者

目 录

V

01 第一部分 道路交通安全法律、法规知识和安全文明驾驶

一 道路交通安全法

1. 为什么要制定《中华人民共和国道路交通安全法》？

答：为了维护道路交通秩序，预防和减少交通事故，保护人身安全，保护公民、法人和其他组织的财产安全及其他合法权益，提高通行效率，特制定《中华人民共和国道路交通安全法》。

2. 哪些人应当遵守《中华人民共和国道路交通安全法》？

答：中华人民共和国境内的车辆驾驶人、行人、乘车人以及与道路交通活动有关的单位和个人（包括外国人），都应当遵守《中华人民共和国道路交通安全法》。

3.《中华人民共和国道路交通安全法》的基本原则是什么？

答：道路交通安全工作，应当遵循依法管理、方便群众的原则，保障道路交通有序、安全、畅通。

4.《中华人民共和国道路交通安全法》由什么部门来实施？

答：国务院公安部门负责全国道路交通安全管理工作；县级以上地方各级人民政府公安机关交通管理部门负责本行政区域内的道路交通安全管理工作。

5. 什么是道路？

答：道路是指公路、城市道路和虽在单位管辖范围但允许社会机动车通行的地方，包括广场、公共停车场等用于公众通行的场所。

6. 什么是车辆？

答：车辆是指机动车和非机动车。

7. 什么是机动车？

答：机动车是指以动力装置驱动或者牵引，上道路行驶的供人员乘用或者用于运送物品以及进行工程专项作业的轮式车辆。

8. 什么是非机动车？

答：非机动车是指以人力或者畜力驱动，上道路行驶的交通工具，以及虽有动力装置驱动但设计最高时速、空车质量、外形尺寸符合有关国家标准的残疾人机动轮椅车、电动自行车等交通工具。

9. 国家是怎样管理机动车的？

答：（1）国家对机动车实行登记制度。机动车经公安机关交通管理部门登记后，方可上道路行驶。尚未登记的机动车，需要临时上道路行驶的，应当取得临时通行牌证。

（2）伪造、变造或者使用伪造、变造的机动车登记证书、号牌、行驶证、驾驶证的，由公安机关交通管理部门予以收缴，扣留该机动车，处 15 日以下拘留，并处 2000 元以上 5000 元以下罚款；构成犯罪的，依法追究刑事责任。

伪造、变造或者使用伪造、变造的检验合格标志、保险标志的，由公安机关交通管理部门予以收缴，扣留该机动车，处 10 日以下拘留，并处 1000 元以上 3000 元以下罚款；构成犯罪的，依法追究刑事责任。

使用其他车辆的机动车登记证书、号牌、行驶证、检验合格标志、保险标志的，由公安机关交通管理部门予以收缴，扣留该机动车，处 2000 元以上 5000 元以下罚款。

当事人提供相应的合法证明或者补办相应手续的，应当及时退还机动车。

（3）上道路行驶的机动车未悬挂机动车号牌，未放置检验合格标志、保险标志，或者未随车携带行驶证、驾驶证的，公安机关交通管理部门应当扣留机动车，通知当事人提供相应的牌证、标志或者补办相应手续，并可以依照《中华人民共和国道路交通安全法》第 90 条的规定予以处罚。当事人提供相应的牌证、标志或者补办相应手续的，应当及时退还机动车。故意遮挡、污损或者不按规定安装机动车号牌的，将受到处罚。

（4）对登记后上道路行驶的机动车，应当依照法律、行政法规的规定，根据车辆用途、载客载货数量、使用年限等不同情况，定期进行安全技术检验。对提供机动车行驶证和机动车第三者责任强制保险单的，机动车安全技术检验机构应当予以检验，任何单位不得附加其他条件。对符合机动车国家安全技术标准的，公安机关交通管理部门应当发给检验合格标志。

（5）国家实行机动车强制报废制度，根据机动车的安全技术状况和不同用途，规定不同的报废标准。应当报废的机动车必须及时办理注销登记。

（6）达到报废标准的机动车不得上道路行驶。报废的大型客、货车及其他营运车辆应当在公安机关交通管理部门的监督下解体。

10. 国家是如何管理机动车驾驶人的?

答：（1）驾驶机动车，应当依法取得机动车驾驶证。申请机动车驾驶证，应当符合国务院公安部门规定的驾驶许可条件；经考试合格后，由公安机关交通管理部门发给相应类别的机动车驾驶证。持有境外机动车驾驶证的人，符合国务院公安部门规定的驾驶许可条件，经公安机关交通管理部门考核合格的，可以发给中国的机动车驾驶证。驾驶人应当按照驾驶证载明的准驾车型驾驶机动车；驾驶机动车时，应当随身携带机动车驾驶证和行驶证。

（2）驾驶人驾驶机动车上道路行驶前，应当对机动车的安全技术性能进行认真检查；不得驾驶安全设施不全或者机件不符合技术标准等具有安全隐患的机动车。

（3）机动车驾驶人应当遵守道路交通安全法律、法规的规定，按照操作规范安全驾驶、文明驾驶。

（4）机动车的驾驶培训实行社会化，由交通主管部门对驾驶培训学校、驾驶培训班实行资格管理，其中专门的拖拉机驾驶培训学校、驾驶培训班由农业（农业机械）主管部门实行资格管理。

（5）公安机关交通管理部门对机动车驾驶人的道路交通安全违法行为除给予行政处罚外，实行累积记分制度。公安机关交通管理部门对累积记分达到规定分值的机动车驾驶人，扣留机动车驾驶证，对其进行道路交通法律、法规教育，重新考试；考试合格的，发还其机动车驾驶证。

对遵守道路交通安全法律、法规，在一年内无累积记分的机动车驾驶人，可以延长机动车驾驶证的审验期。具体办法由国务院公安部门规定。

（6）饮酒、服用国家管制的精神药品或者麻醉药品，或者患有妨碍安全驾驶机动车的疾病，或者过度疲劳影响安全驾驶的，不得驾驶机动车。

11. 道路通行条件有哪些?

答：（1）全国实行统一的道路交通信号。交通信号包括交通信号灯、交通标志、交通标线和交通警察的指挥。

（2）交通信号灯由红灯、绿灯、黄灯组成。红灯表示禁止通行，绿灯表示准许通行，黄灯表示警示。

常见的交通信号灯如下：

机动车信号灯　　　　　非机动车信号灯　　　　人行横道信号灯

车道信号灯、方向指示信号灯　　　　　　闪光警告信号灯

铁路道口警告灯

（3）铁路与道路平面交叉的道口，应当设置警告灯、警示标志或者安全防护设施。无人看守的铁路道口，应当在距道口一定距离处设置警示标志。

（4）施工作业单位应当在经批准的路段和时间内施工作业，并在距离施工作业地点来车方向安全距离处设置明显的安全警示标志，采取防护措施。

12. 道路通行规定有哪些？

答：（1）机动车、非机动车实行右侧通行。

（2）根据道路条件和通行需要，道路划分为机动车道、非机动车道和人行道的，机动车、非机动车、行人实行分道通行。

（3）没有划分机动车道、非机动车道和人行道的，机动车在道路中间通行，非机动车和行人在道路两侧通行。

（4）道路划设专用车道的，在专用车道内，只准许规定的车辆通行，其他车辆不得进入专用车道内行驶。

（5）车辆、行人应当按照交通信号通行；遇有交通警察现场指挥时，应当按照交通警察的指挥通行。

（6）在没有交通信号的道路上，应当在确保安全、畅通的原则下通行。

13. 机动车通行规定有哪些?

答：（1）机动车上道路行驶，不得超过限速标志标明的最高时速。在没有限速标志的路段，应当保持安全车速。

（2）夜间行驶或者在容易发生危险的路段行驶，以及遇有沙尘、冰雹、雨、雪、雾、结冰等气象条件时，应当降低行驶速度。

（3）同车道行驶的机动车，后车应当与前车保持足以采取紧急制动措施的安全距离。

（4）与对面来车有会车可能的，不得超车。

（5）行经铁路道口、交叉路口、窄桥、弯道、陡坡、隧道、人行横道、市区交通流量大的路段等没有超车条件的，不得超车。

（6）前车正在左转弯、掉头、超车的或者为执行紧急任务的警车、消防车、救护车、工程救险车的，不得超车。

（7）机动车通过交叉路口，应当按照交通信号灯、交通标志、交通标线或者交通警察的指挥通过。

（8）通过没有交通信号灯、交通标志、交通标线或者交通警察指挥的交叉路口时，应当减速慢行，并让行人和优先通行的车辆先行。

（9）机动车遇有前方车辆停车排队等候或者缓慢行驶时，不得借道超车或者占用对面车道，不得穿插等候的车辆。

（10）在车道减少的路段、路口，或者在没有交通信号灯、交通标志、交通标线或者交通警察指挥的交叉路口遇到停车排队等候或者缓慢行驶时，机动车应当依次交替通行。

（11）机动车通过铁路道口时，应当按照交通信号或者管理人员的指挥通行；没有交通信号或者管理人员的，应当减速或者停车，在确认安全后通过。

（12）机动车载物应当符合核定的载质量，严禁超载；载物的长、宽、高不得违反装载要求，不得遗洒、飘散载运物。

（13）机动车运载超限的不可解体的物品，影响交通安全的，应当按照公安机关交通管理部门指定的时间、路线、速度行驶，悬挂明显标志。在公路上运载超限的不可解体的物品，应当依照公路法的规定执行。

（14）机动车载运爆炸物品、易燃易爆化学物品以及剧毒、放射性等危险物品，应当经公安机关批准后，按指定的时间、路线、速度行驶，悬挂警示标志并采取必要的安全措施。

（15）重型、中型载货汽车，半挂车载物，装载长度、宽度不准超出车厢，质量不得超出核定的载质量。

（16）载货汽车车厢不得载客。在城市道路上，货运机动车在留有安全位置的情况下，车厢内可以附载临时作业人员 1~5 人；载物高度超过车厢栏板时，货物上不得载人。

（17）机动车行经人行横道时，应当减速行驶；遇行人正在通过人行横道，应当停车让行。机动车行经没有交通信号的道路时，遇行人横过道路，应当避让。

（18）机动车在道路上发生故障，需要停车排除故障时，驾驶人应当立即开启危险报警闪光灯，将机动车移至不妨碍交通的地方停放；难以移动的，应当持续开启危险报警闪光灯，并在来车方向设置警告标志等措施扩大示警距离，必要时迅速报警。

（19）警车、消防车、救护车、工程救险车执行紧急任务时，可以使用警报器、标志灯具；在确保安全的前提下，不受行驶路线、行驶方向、行驶速度和信号灯的限制，其他车辆和行人应当让行。

（20）机动车应当在规定地点停放。禁止在人行道上停放机动车；但是，依照《中华人民共和国道路交通安全法》规定施划的停车泊位除外。在道路上临时停车的，不得妨碍其他车辆和行人通行。

（21）道路养护车辆、工程作业车进行作业时，在不影响过往车辆通行的前提下，其行驶路线和方向不受交通标志、标线限制，过往车辆和人员应当注意避让。

（22）洒水车、清扫车等机动车应当按照安全作业标准作业；在不影响其他车辆通行的情况下，可以不受车辆分道行驶的限制，但是不得逆向行驶。

14. 高速公路有哪些特别规定？

答：（1）行人、非机动车、拖拉机、轮式专用机械车、铰接式客车、全挂拖斗车以及其他设计最高速度低于 70km/h 的机动车，不得进入高速公路。高速公路限速标志标明的最高速度不得超过 120km/h。

（2）机动车在高速公路上发生故障或者交通事故，无法正常行驶的，应当由救援车、清障车拖曳、牵引。

（3）机动车在高速公路上发生故障，需要停车排除故障时，驾驶人应当立即开启危险报警闪光灯，将机动车移至不妨碍交通的地方停放；难以移动的，应当持续开启危险报警闪光灯，并在来车方向设置警告标志等措施扩大示警距离，必要时迅速报警。但是，警告标志应当设置在故障车来车方向150m以外，车上人员应当迅速转移到右侧路肩上或者应急车道内。排除故障后，应先在应急车道或者路肩上提速，并开启左转向灯，在不妨碍其他车辆行驶的情况下并入行车道。

（4）任何单位、个人不得在高速公路上拦截检查行驶的车辆，公安机关的人民警察依法执行紧急公务除外。

（5）高速公路应当标明车道的行驶速度，最高车速不得超过120km/h，最低车速不得低于60km/h。

在高速公路上行驶的小型载客汽车最高车速不得超过120km/h，其他机动车不得超过100km/h，摩托车不得超过80km/h。

同方向有2条车道的，左侧车道的最低车速为100km/h；同方向有3条以上车道的，最左侧车道的最低车速为110km/h，中间车道的最低车速为90km/h。道路限速标志标明的车速与上述车道行驶车速的规定不一致的，按照道路限速标志标明的车速行驶。

（6）机动车从匝道驶入高速公路，应当开启左转向灯，在不妨碍已在高速公路内的机动车正常行驶的情况下驶入车道。

机动车驶离高速公路时，应当开启右转向灯，驶入减速车道，降低车速后驶离。

（7）机动车在高速公路上行驶，车速超过100km/h时，应当与同车道前车保持100m以上的距离，车速低于100km/h时，与同车道前车距离可以适当缩短，但最小距离不得少于50m。

（8）机动车在高速公路上行驶，遇有雾、雨、雪、沙尘、冰雹等低能见度气象条件时，应当遵守下列规定：

① 能见度小于200m时，开启雾灯、近光灯、示廓灯和前后位灯，车速不得超过60km/h，与同车道前车保持100m以上的距离。

② 能见度小于100m时，开启雾灯、近光灯、示廓灯、前后位灯和危险报警闪光灯，车速不得超过40km/h，与同车道前车保持50m以上的距离。

③ 能见度小于50m时，开启雾灯、近光灯、示廓灯、前后位灯和危险报警闪光灯，车速不得超过20km/h，并从最近的出口尽快驶离高速公路。

遇有上述规定情形时，高速公路管理部门应当通过显示屏等方式发布速度限制、保持车距等提示信息。

7

（9）机动车在高速公路上行驶，不得有下列行为：

① 倒车、逆行、穿越中央分隔带掉头或者在车道内停车。

② 在匝道、加速车道或者减速车道上超车。

③ 骑、轧车行道分界线或者在路肩上行驶。

④ 非紧急情况时在应急车道行驶或者停车。

⑤ 试车或者学习驾驶机动车。

（10）在高速公路上行驶的载货汽车车厢不得载人。两轮摩托车在高速公路上行驶时不得载人。

（11）机动车通过施工作业路段时，应当注意警示标志，减速行驶。

（12）城市快速路的道路交通安全管理，参照高速公路的规定执行。

（13）高速公路、城市快速路的道路交通安全管理工作，省、自治区、直辖市人民政府公安机关交通管理部门可以指定设区的市人民政府公安机关交通管理部门或者相当于同级的公安机关交通管理部门承担。

15. 发生交通事故时如何处理？

答：（1）在道路上发生交通事故，车辆驾驶人应当立即停车，保护现场；造成人身伤亡的，车辆驾驶人应当立即抢救受伤人员，并迅速报告执勤的交通警察或者公安机关交通管理部门。因抢救受伤人员变动现场的，应当标明位置。乘车人、过往车辆驾驶人、过往行人应当予以协助。

在道路上发生交通事故，未造成人身伤亡，当事人对事实及成因无争议的，可以即行撤离现场，恢复交通，自行协商处理损害赔偿事宜；不即行撤离现场的，应当迅速报告执勤的交通警察或者公安机关交通管理部门。

在道路上发生交通事故，仅造成轻微财产损失，并且基本事实清楚的，当事人应当先撤离现场再进行协商处理。

（2）车辆发生交通事故后逃逸的，事故现场目击人员和其他知情人员应当向公安机关交通管理部门或者交通警察举报。举报属实的，公安机关交通管理部门应当给予奖励。

（3）机动车发生交通事故造成人身伤亡、财产损失的，由保险公司在机动车第三者责任强制保险责任限额范围内予以赔偿；不足的部分，按照下列规定承担赔偿责任：

① 机动车之间发生交通事故的，由有过错的一方承担赔偿责任；双方都有过错的，按照各自过错的比例分担责任。

② 机动车与非机动车驾驶人、行人之间发生交通事故，非机动车驾驶人、行

人没有过错的，由机动车一方承担赔偿责任；有证据证明非机动车驾驶人、行人有过错的，根据过错程度适当减轻机动车一方的赔偿责任；机动车一方没有过错的，承担不超过 10% 的赔偿责任。

（4）交通事故的损失是由非机动车驾驶人、行人故意碰撞机动车造成的，机动车一方不承担赔偿责任。

16. 交通违法行为法律责任有哪些?

答：对道路交通安全违法行为的处罚种类包括：警告、罚款、暂扣或者吊销机动车驾驶证、拘留。

（1）公安机关交通管理部门及其交通警察对道路交通安全违法行为，应当及时纠正。公安机关交通管理部门及其交通警察应当依据事实和《中华人民共和国道路交通安全法》的有关规定对道路交通安全违法行为予以处罚。对于情节轻微，未影响道路通行的，指出违法行为，给予口头警告后放行。

（2）机动车驾驶人违反道路交通安全法律、法规关于道路通行规定的，处警告或者 20 元以上 200 元以下罚款。《中华人民共和国道路交通安全法》另有规定的，依照规定处罚。

（3）饮酒后驾驶机动车的，处暂扣 6 个月机动车驾驶证，并处 1000 元以上 2000 元以下罚款。因饮酒后驾驶机动车被处罚，再次饮酒后驾驶机动车的，处 10 日以下拘留，并处 1000 元以上 2000 元以下罚款，吊销机动车驾驶证。

醉酒驾驶机动车的，由公安机关交通管理部门约束至酒醒，吊销机动车驾驶证，依法追究刑事责任；5 年内不得重新取得机动车驾驶证。

饮酒后驾驶营运机动车的，处 15 日拘留，并处 5000 元罚款，吊销机动车驾驶证，5 年内不得重新取得机动车驾驶证。

醉酒驾驶营运机动车的，由公安机关交通管理部门约束至酒醒，吊销机动车驾驶证，依法追究刑事责任，10 年内不得重新取得机动车驾驶证，重新取得机动车驾驶证后，不得驾驶营运机动车。

饮酒后或者醉酒驾驶机动车发生重大交通事故,构成犯罪的,依法追究刑事责任,并由公安机关交通管理部门吊销机动车驾驶证，终生不得重新取得机动车驾驶证。

（4）公路客运车辆载客超过额定乘员的，处 200 元以上 500 元以下罚款；超过额定乘员 20% 或者违反规定载货的，处 500 元以上 2000 元以下罚款。

货运机动车超过核定载质量的，处 200 元以上 500 元以下罚款；超过核定载质量 30% 或者违反规定载客的，处 500 元以上 2000 元以下罚款。

有前两款行为的，由公安机关交通管理部门扣留机动车至违法状态消除。

运输单位的车辆有本条第一款、第二款规定的情形，经处罚不改的，对直接负责的主管人员处 2000 元以上 5000 元以下罚款。

（5）对违反道路交通安全法律、法规关于机动车停放、临时停车规定的，可以指出违法行为，并予以口头警告，令其立即驶离。

机动车驾驶人不在现场或者虽在现场但拒绝立即驶离，妨碍其他车辆、行人通行的，处 20 元以上 200 元以下罚款，并可以将该机动车拖移至不妨碍交通的地点或者公安机关交通管理部门指定的地点停放。公安机关交通管理部门拖车不得向当事人收取费用，并应当及时告知当事人停放地点。

因采取不正确的方法拖车造成机动车损坏的，应当依法承担补偿责任。

（6）机动车安全技术检验机构实施机动车安全技术检验超过国务院价格主管部门核定的收费标准收取费用的，退还多收取的费用，并由价格主管部门依照《中华人民共和国价格法》的有关规定给予处罚。

机动车安全技术检验机构不按照机动车国家安全技术标准进行检验，出具虚假检验结果的，由公安机关交通管理部门处所收检验费用 5 倍以上 10 倍以下罚款，并依法撤销其检验资格；构成犯罪的，依法追究刑事责任。

（7）上道路行驶的机动车未悬挂机动车号牌，未放置检验合格标志、保险标志，或者未随车携带行驶证、驾驶证的，公安机关交通管理部门应当扣留机动车，通知当事人提供相应的牌证、标志或者补办相应手续，并可以依照《中华人民共和国道路交通安全法》第九十条的规定予以处罚。当事人提供相应的牌证、标志或者补办相应手续的，应当及时退还机动车。

故意遮挡、污损或者不按规定安装机动车号牌的，依照《中华人民共和国道路交通安全法》第九十条的规定予以处罚。

（8）伪造、变造或者使用伪造、变造的机动车登记证书、号牌、行驶证、驾驶证的，由公安机关交通管理部门予以收缴，扣留该机动车，处 15 日以下拘留，并处 2000 元以上 5000 元以下罚款；构成犯罪的，依法追究刑事责任。

伪造、变造或者使用伪造、变造的检验合格标志、保险标志的，由公安机关交通管理部门予以收缴，扣留该机动车，处 10 日以下拘留，并处 1000 元以上 3000 元以下罚款；构成犯罪的，依法追究刑事责任。

使用其他车辆的机动车登记证书、号牌、行驶证、检验合格标志、保险标志的，由公安机关交通管理部门予以收缴，扣留该机动车，处 2000 元以上 5000 元以下罚款。

当事人提供相应的合法证明或者补办相应手续的，应当及时退还机动车。

（9）非法安装警报器、标志灯具的，由公安机关交通管理部门强制拆除、予以收缴，并处 200 元以上 2000 元以下罚款。

机动车所有人、管理人未按照国家规定投保机动车第三者责任强制保险的，由公安机关交通管理部门扣留车辆至依照规定投保后，并处依照规定投保最低责任限额应缴纳的保险费的 2 倍罚款。

（10）有下列行为之一的，由公安机关交通管理部门处 200 元以上 2000 元以下罚款：

① 未取得机动车驾驶证、机动车驾驶证被吊销或者机动车驾驶证被暂扣期间驾驶机动车的。

② 将机动车交由未取得机动车驾驶证或者机动车驾驶证被吊销、暂扣的人驾驶的。

③ 造成交通事故后逃逸，尚不构成犯罪的。

④ 机动车行驶超过规定时速 50% 的。

⑤ 强迫机动车驾驶人违反道路交通安全法律、法规和机动车安全驾驶要求驾驶机动车，造成交通事故，尚不构成犯罪的。

⑥ 违反交通管制的规定强行通行，不听劝阻的。

⑦ 故意损毁、移动、涂改交通设施，造成危害后果，尚不构成犯罪的。

⑧ 非法拦截、扣留机动车辆，不听劝阻，造成交通严重阻塞或者较大财产损失的。

行为人有②、④项情形之一的，可以并处吊销机动车驾驶证；有①、③、⑤～⑧项情形之一的，可以并处 15 日以下拘留。

（11）驾驶拼装的机动车或者已达到报废标准的机动车上道路行驶的，公安机关交通管理部门应当予以收缴，强制报废。

对驾驶拼装或者已达到报废标准的机动车上道路行驶的驾驶人，处 200 元以上 2000 元以下罚款，并吊销机动车驾驶证。

出售已达到报废标准的机动车的，没收违法所得，处销售金额等额的罚款，对该机动车由公安机关交通管理部门予以收缴，强制报废。

（12）违反道路交通安全法律、法规的规定，发生重大交通事故，构成犯罪的，依法追究刑事责任，并由公安机关交通管理部门吊销机动车驾驶证。

造成交通事故后逃逸的，由公安机关交通管理部门吊销机动车驾驶证，且终生不得重新取得机动车驾驶证。

（13）对 6 个月内发生 2 次以上特大交通事故负有主要责任或者全部责任的专业运输单位，由公安机关交通管理部门责令消除安全隐患；未消除安全隐患的机动车，禁止上道路行驶。

（14）国家机动车产品主管部门未按照机动车国家安全技术标准严格审查，许可不合格机动车型投入生产的，对负有责任的主管人员和其他直接责任人员给予降级或者撤职的行政处分。

机动车生产企业经国家机动车产品主管部门许可生产的机动车型，不执行机动车国家安全技术标准或者不严格进行机动车成品质量检验，致使质量不合格的机动车出厂销售的，由质量技术监督部门依照《中华人民共和国产品质量法》的有关规定给予处罚。

擅自生产、销售未经国家机动车产品主管部门许可生产的机动车型的，没收非法生产、销售的机动车成品及配件，可以并处非法产品价值 3 倍以上 5 倍以下罚款；有营业执照的，由工商行政管理部门吊销营业执照，没有营业执照的，予以查封。

生产、销售拼装的机动车或者生产、销售擅自改装的机动车的，没收非法生产、销售的机动车成品及配件，可以并处非法产品价值 3 倍以上 5 倍以下罚款；有营业执照的，由工商行政管理部门吊销营业执照，没有营业执照的，予以查封。

有上述违法行为，生产或者销售不符合机动车国家安全技术标准的机动车，构成犯罪的，依法追究刑事责任。

（15）未经批准，擅自挖掘道路、占用道路施工或者从事其他影响道路交通安全活动的，由道路主管部门责令停止违法行为，并恢复原状，可以依法给予罚款；致使通行的人员、车辆及其他财产遭受损失的，依法承担赔偿责任。

有上述行为，影响道路交通安全活动的，公安机关交通管理部门可以责令停止违法行为，迅速恢复交通。

（16）道路施工作业或者道路出现损毁，未及时设置警示标志、未采取防护措施，或者应当设置交通信号灯、交通标志、交通标线而没有设置，或者应当及时变更交通信号灯、交通标志、交通标线而没有及时变更，致使通行的人员、车辆及其他财产遭受损失的，负有相关职责的单位应当依法承担赔偿责任。

在道路两侧及隔离带上种植树木、其他植物或者设置广告牌、管线等，遮挡路灯、交通信号灯、交通标志，妨碍安全视距的，由公安机关交通管理部门责令行为人排除妨碍；拒不执行的，处 200 元以上 2000 元以下罚款，并强制排除妨碍，所需费用由行为人负担。

（17）对道路交通违法行为人予以警告、200 元以下罚款，交通警察可以当场作出行政处罚决定，并出具行政处罚决定书。

行政处罚决定书应当载明当事人的违法事实、行政处罚的依据、处罚内容、时间、地点以及处罚机关名称，并由执法人员签名或者盖章。

（18）当事人应当自收到行政处罚决定书之日起 15 日内，到指定的银行缴纳罚款。

对行人、乘车人和非机动车驾驶人的罚款，当事人无异议的，可以当场收缴罚款。

罚款应当开具省、自治区、直辖市财政部门统一制发的罚款收据；不出具财政部门统一制发的罚款收据的，当事人有权拒绝缴纳罚款。

（19）当事人逾期不履行行政处罚决定的，作出行政处罚决定的行政机关可以采取下列措施：

① 到期不缴纳罚款的，每日按罚款数额的 3% 加处罚款。

② 申请人民法院强制执行。

（20）执行职务的交通警察认为应当对道路交通违法行为人给予暂扣或者吊销机动车驾驶证处罚的，可以先予扣留机动车驾驶证，并在 24h 内将案件移交公安机关交通管理部门处理。

道路交通违法行为人应当在 15 日内到公安机关交通管理部门接受处理。无正当理由逾期未接受处理的，吊销机动车驾驶证。

公安机关交通管理部门暂扣或者吊销机动车驾驶证的，应当出具行政处罚决定书。

（21）对违反《中华人民共和国道路交通安全法》规定予以拘留的行政处罚，由县、市公安局、公安分局或者相当于县一级的公安机关裁决。

（22）公安机关交通管理部门扣留机动车、非机动车，应当当场出具凭证，并告知当事人在规定期限内到公安机关交通管理部门接受处理。

公安机关交通管理部门对被扣留的车辆应当妥善保管，不得使用。

逾期不来接受处理，并且经公告 3 个月仍不来接受处理的，对扣留的车辆依法处理。

（23）暂扣机动车驾驶证的期限从处罚决定生效之日起计算；处罚决定生效前先予扣留机动车驾驶证的，扣留 1 日折抵暂扣期限 1 日。

吊销机动车驾驶证后重新申请领取机动车驾驶证的期限，按照机动车驾驶证管理规定办理。

（24）公安机关交通管理部门根据交通技术监控记录资料，可以对违法的机动车所有人或者管理人依法予以处罚。对能够确定驾驶人的，可以依照《中华人民共和国道路交通安全法》的规定依法予以处罚。

二 道路交通安全法实施条例

1. 对机动车的管理有哪些规定？

答：（1）机动车的登记，分为注册登记、变更登记、转移登记、抵押登记和注销登记。

（2）初次申领机动车号牌、行驶证的，应当向机动车所有人住所地的公安机关交通管理部门申请注册登记。申请机动车注册登记，应当交验机动车，并提交以下证明、凭证：

①机动车所有人的身份证明。

②购车发票等机动车来历证明。

③机动车整车出厂合格证明或者进口机动车进口凭证。

④车辆购置税完税证明或者免税凭证。

⑤机动车第三者责任强制保险凭证。

⑥法律、行政法规规定应当在机动车注册登记时提交的其他证明、凭证。

不属于国务院机动车产品主管部门规定免予安全技术检验的车型的，还应当提供机动车安全技术检验合格证明。

（3）已注册登记的机动车有下列情形之一的，机动车所有人应当向登记该机动车的公安机关交通管理部门申请变更登记：

①改变机动车车身颜色的。

②更换发动机的。

③更换车身或者车架的。

④因质量有问题，制造厂更换整车的。

⑤营运机动车改为非营运机动车或者非营运机动车改为营运机动车的。

⑥机动车所有人的住所迁出或者迁入公安机关交通管理部门管辖区域的。

申请机动车变更登记，应当提交下列证明、凭证，属于上述第①项、第②项、第③项、第④项、第⑤项情形之一的，还应当交验机动车；属于上述第②项、第③项情形之一的，还应当同时提交机动车安全技术检验合格证明。

①机动车所有人的身份证明。

②机动车登记证书。

③机动车行驶证。

机动车所有人的住所在公安机关交通管理部门管辖区域内迁移、机动车所有人的姓名（单位名称）或者联系方式变更的，应当向登记该机动车的公安机关交通管理部门备案。

（4）已注册登记的机动车所有权发生转移的，应当及时办理转移登记。

申请机动车转移登记，当事人应当向登记该机动车的公安机关交通管理部门交验机动车，并提交以下证明、凭证：

①当事人的身份证明。

②机动车所有权转移的证明、凭证。

③机动车登记证书。

④机动车行驶证。

（5）机动车所有人将机动车作为抵押物抵押的，机动车所有人应当向登记该机动车的公安机关交通管理部门申请抵押登记。

（6）已注册登记的机动车达到国家规定的强制报废标准的，公安机关交通管理部门应当在报废期满的2个月前通知机动车所有人办理注销登记。机动车所有人应当在报废期满前将机动车交售给机动车回收企业，由机动车回收企业将报废的机动车登记证书、号牌、行驶证交公安机关交通管理部门注销。机动车所有人逾期不办理注销登记的，公安机关交通管理部门应当公告该机动车登记证书、号牌、行驶证作废。

因机动车丢失申请注销登记的，机动车所有人应当向公安机关交通管理部门提交本人身份证明，交回机动车登记证书。

（7）办理机动车登记的申请人提交的证明和凭证齐全、有效的，公安机关交通管理部门应当当场办理登记手续。

人民法院、人民检察院以及行政执法部门依法查封、扣押的机动车，公安机关交通管理部门不予办理机动车登记。

（8）机动车登记证书、号牌、行驶证丢失或者损毁，机动车所有人申请补发的，应当向公安机关交通管理部门提交本人身份证明和申请材料。公安机关交通管理部门经与机动车登记档案核实后，在收到申请之日起15日内补发。

（9）税务部门、保险机构可以在公安机关交通管理部门的办公场所集中办理与机动车有关的税费缴纳、保险合同订立等事项。

（10）机动车号牌应当悬挂在车前、车后指定位置，保持清晰、完整。重型、中型载货汽车及其挂车、拖拉机及其挂车的车身或者车厢后部应当喷涂放大的牌号，字样应当端正并保持清晰。

机动车检验合格标志、保险标志应当粘贴在机动车前窗右上角。

机动车喷涂、粘贴标志或者车身广告的，不得影响安全驾驶。

用于公路营运的载客汽车、重型载货汽车、半挂牵引车应当安装、使用符合国家标准的行驶记录仪。交通警察可以对机动车行驶速度、连续驾驶时间以及其他行驶状态信息进行检查。安装行驶记录仪可以分步实施，实施步骤由国务院机动车产品主管部门会同有关部门规定。

（11）机动车安全技术检验由机动车安全技术检验机构实施。机动车安全技术检验机构应当按照国家机动车安全技术检验标准对机动车进行检验，对检验结果承担法律责任。

质量技术监督部门负责对机动车安全技术检验机构实行资格管理和计量认证管理，对机动车安全技术检验设备进行检定，对执行国家机动车安全技术检验标准的情况进行监督。

机动车安全技术检验项目由国务院公安部门会同国务院质量技术监督部门规定。

（12）机动车应当从注册登记之日起，按照下列期限进行安全技术检验：

① 营运载客汽车 5 年以内每年检验 1 次；超过 5 年的，每 6 个月检验 1 次。

② 载货汽车和大型、中型非营运载客汽车 10 年以内每年检验 1 次；超过 10 年的，每 6 个月检验 1 次。

③ 小型、微型非营运载客汽车 6 年以内每 2 年检验 1 次；超过 6 年的，每年检验 1 次；超过 15 年的，每 6 个月检验 1 次。

④ 摩托车 4 年以内每 2 年检验 1 次；超过 4 年的，每年检验 1 次。

⑤ 拖拉机和其他机动车每年检验 1 次。

营运机动车在规定检验期限内经安全技术检验合格的，不再重复进行安全技术检验。

（13）已注册登记的机动车进行安全技术检验时，机动车行驶证记载的登记内容与该机动车的有关情况不符，或者未按照规定提供机动车第三者责任强制保险凭证的，不予通过检验。

（14）警车、消防车、救护车、工程救险车标志图案的喷涂以及警报器、标志灯具的安装、使用规定，由国务院公安部门制定。

2. 对机动车驾驶人的管理有哪些规定？

答：（1）符合国务院公安部门规定的驾驶许可条件的人，可以向公安机关交通管理部门申请机动车驾驶证。

机动车驾驶证由国务院公安部门规定式样并监制。

（2）学习机动车驾驶，应当先学习道路交通安全法律、法规和相关知识，考试合格后，再学习机动车驾驶技能。

在道路上学习驾驶，应当按照公安机关交通管理部门指定的路线、时间进行。在道路上学习机动车驾驶技能应当使用教练车，在教练员随车指导下进行，与教学无关的人员不得乘坐教练车。学员在学习驾驶中有道路交通安全违法行为或者造成交通事故的，由教练员承担责任。

（3）公安机关交通管理部门应当对申请机动车驾驶证的人进行考试，对考试合格的，在 5 日内核发机动车驾驶证；对考试不合格的，书面说明理由。

（4）机动车驾驶证的有效期为 6 年，另有规定的除外。

机动车驾驶人初次申领机动车驾驶证后的 12 个月为实习期。在实习期内驾驶机动车的，应当在车身后部粘贴或者悬挂统一式样的实习标志。

机动车驾驶人在实习期内不得驾驶公共汽车、营运客车或者执行任务的警车、消防车、救护车、工程救险车以及载有爆炸物品、易燃易爆化学物品、剧毒或者放射性等危险物品的机动车；驾驶的机动车不得牵引挂车。

（5）公安机关交通管理部门对机动车驾驶人的道路交通安全违法行为除给予行政处罚外，实行道路交通安全违法行为累积记分（以下简称记分）制度，记分周期为 12 个月。对在一个记分周期内记分达到 12 分的，由公安机关交通管理部门扣留其机动车驾驶证，该机动车驾驶人应当按照规定参加道路交通安全法律、法规的学习并接受考试。考试合格的，记分予以清除，发还机动车驾驶证；考试不合格的，继续参加学习和考试。

应当给予记分的道路交通安全违法行为及其分值，由国务院公安部门根据道路交通安全违法行为的危害程度规定。

公安机关交通管理部门应当提供记分查询方式供机动车驾驶人查询。

（6）机动车驾驶人在一个记分周期内记分未达到 12 分，所处罚款已经缴纳的，记分予以清除；记分虽未达到 12 分，但尚有罚款未缴纳的，记分转入下一记分周期。

机动车驾驶人在一个记分周期内记分 2 次以上达到 12 分的，除按照《中华人民共和国道路交通安全法实施条例》第 23 条的规定扣留机动车驾驶证、参加学习、接受考试外，还应当接受驾驶技能考试。考试合格的，记分予以清除，发还机动车驾驶证；考试不合格的，继续参加学习和考试。

接受驾驶技能考试的，按照本人机动车驾驶证载明的最高准驾车型考试。

（7）机动车驾驶人记分达到 12 分，拒不参加公安机关交通管理部门通知的学习，也不接受考试的，由公安机关交通管理部门公告其机动车驾驶证停止使用。

（8）机动车驾驶人在机动车驾驶证的 6 年有效期内，每个记分周期均未达到 12 分的，换发 10 年有效期的机动车驾驶证；在机动车驾驶证的 10 年有效期内，每个记分周期均未达到 12 分的，换发长期有效的机动车驾驶证。

换发机动车驾驶证时，公安机关交通管理部门应当对机动车驾驶证进行审验。

（9）机动车驾驶证丢失、损毁，机动车驾驶人申请补发的，应当向公安机关交通管理部门提交本人身份证明和申请材料。公安机关交通管理部门经与机动车驾驶证档案核实后，在收到申请之日起 3 日内补发。

（10）机动车驾驶人在机动车驾驶证丢失、损毁、超过有效期或者被依法扣留、暂扣期间以及记分达到 12 分的，不得驾驶机动车。

3. 道路通行信号有哪些?

答：（1）交通信号灯分为机动车信号灯、非机动车信号灯、人行横道信号灯、车道信号灯、方向指示信号灯、闪光警告信号灯、道路与铁路平面交叉道口信号灯。

（2）交通标志分为指示标志、警告标志、禁令标志、指路标志、旅游区标志、道路施工安全标志和辅助标志。

（3）道路交通标线分为指示标线、警告标线、禁止标线。

（4）交通警察的指挥分为手势信号和使用器具的交通指挥信号。

4. 道路通行规定有哪些?

答：（1）机动车和非机动车信号灯

① 绿灯亮时，准许车辆通行，但转弯的车辆不得妨碍被放行的直行车辆、行人通行。

② 黄灯亮时，已越过停止线的车辆可以继续通行。

③ 红灯亮时，禁止车辆通行；右转弯的车辆在不妨碍被放行的车辆、行人通行的情况下，可以通行。

（2）人行横道信号灯

① 绿灯亮时，准许行人通过人行横道。

② 红灯亮时，禁止行人进入人行横道，但是已经进入人行横道的，可以继续通过或者在道路中心线处停留等候。

（3）车道信号灯

① 绿色箭头灯亮时，准许本车道车辆按指示方向通行。

② 红色叉形灯或者箭头灯亮时，禁止本车道车辆通行。

（4）方向指示信号灯的箭头方向向左、向上、向右分别表示左转、直行、右转。

（5）闪光警告信号灯为持续闪烁的黄灯，提示车辆、行人通行时注意瞭望，确认安全后通过。

（6）道路与铁路平面交叉道口有两个红灯交替闪烁或者一个红灯亮时，表示禁止车辆、行人通行；红灯熄灭时，表示允许车辆、行人通行。

（7）在未设置非机动车信号灯和人行横道信号灯的路口，非机动车和行人应当按照机动车信号灯的表示通行。

（8）遇有交通信号灯、交通标志或交通标线与交通警察的指挥不一致时，应服从交通警察的指挥。

5. 机动车通行规定有哪些?

答：有以下一些规定：

18

（1）在道路同方向划有2条以上机动车道的，左侧为快速车道，右侧为慢速车道。在快速车道行驶的机动车应当按照快速车道规定的速度行驶，未达到快速车道规定的行驶速度的，应当在慢速车道行驶。摩托车应当在最右侧车道行驶。有交通标志标明行驶速度的，按照标明的行驶速度行驶。慢速车道内的机动车超越前车时，可以借用快速车道行驶。

（2）在道路同方向划有2条以上机动车道的，变更车道的机动车不得影响相关车道内行驶的机动车的正常行驶。

（3）机动车在道路上行驶不得超过限速标志、标线标明的速度。

（4）在没有限速标志、标线的道路上，机动车不得超过下列最高行驶速度：

① 没有道路中心线的道路，城市道路为30km/h，公路为40km/h。

② 同方向只有1条机动车道的道路，城市道路为50km/h，公路为70km/h。

（5）机动车行驶中遇有下列情形之一的，最高行驶速度不得超过30km/h，其中拖拉机、电瓶车、轮式专用机械车不得超过15km/h。

① 进出非机动车道，通过铁路道口、急弯路、窄路、窄桥时。

② 掉头、转弯、下陡坡时。

③ 遇雾、雨、雪、沙尘、冰雹，能见度在50m以内时。

④ 在冰雪、泥泞的道路上行驶时。

⑤ 牵引发生故障的机动车时。

（6）机动车超车时，应当提前开启左转向灯，变换使用远、近光灯或者鸣喇叭。在没有道路中心线或者同方向只有1条机动车道的道路上，前车遇后车发出超车信号时，在条件许可的情况下，应当降低速度、靠右让路。后车应当在确认有充足的安全距离后，从前车的左侧超越，在与被超车辆拉开必要的安全距离后，开启右转向灯，驶回原车道。

（7）在没有中心隔离设施或者没有中心线的道路上，机动车遇相对方向来车时应当遵守下列规定：

① 减速靠右行驶，并与其他车辆、行人保持必要的安全距离。

② 在有障碍的路段，无障碍的一方先行；但有障碍的一方已驶入障碍路段而无障碍的一方未驶入时，有障碍的一方先行。

③ 在狭窄的坡路，上坡的一方先行；但下坡的一方已行至中途而上坡的一方未上坡时，下坡的一方先行。

④ 在狭窄的山路，不靠山体的一方先行。

⑤ 夜间会车应当在距相对方向来车150m以外改用近光灯，在窄路、窄桥与非机动车会车时应当使用近光灯。

（8）机动车在有禁止掉头或者禁止左转弯标志、标线的地点，以及在铁路道口、人行横道、桥梁、急弯、陡坡、隧道或者容易发生危险的路段，不得掉头。

机动车在没有禁止掉头或者没有禁止左转弯标志、标线的地点可以掉头，但不得妨碍正常行驶的其他车辆和行人的通行。

（9）机动车倒车时，应当察明车后情况，确认安全后倒车。不得在铁路道口、交叉路口、单行路、桥梁、急弯、陡坡或者隧道中倒车。

（10）机动车通过有交通信号灯控制的交叉路口，应当按照下列规定通行：

① 在划有导向车道的路口，按所需行进方向驶入导向车道。

② 准备进入环形路口的让已在路口内的机动车先行。

③ 向左转弯时，靠路口中心点左侧转弯。转弯时开启转向灯，夜间行驶开启近光灯。

④ 遇放行信号时，依次通过。

⑤ 遇停止信号时，依次停在停止线以外。没有停止线的，停在路口以外。

⑥ 向右转弯遇有同车道前车正在等候放行信号时，依次停车等候。

⑦ 在没有方向指示信号灯的交叉路口，转弯的机动车让直行的车辆、行人先行。相对方向行驶的右转弯机动车让左转弯车辆先行。

（11）机动车通过没有交通信号灯控制也没有交通警察指挥的交叉路口，除应当遵守（10）中第②项、第③项的规定外，还应当遵守下列规定：

① 有交通标志、标线控制的，让优先通行的一方先行。

② 没有交通标志、标线控制的，在进入路口前停车瞭望，让右方道路的来车先行。

③ 转弯的机动车让直行的车辆先行。

④ 相对方向行驶的右转弯的机动车让左转弯的车辆先行。

（12）机动车遇有前方交叉路口交通阻塞时，应当依次停在路口以外等候，不得进入路口。

机动车在遇有前方机动车停车排队等候或者缓慢行驶时，应当依次排队，不得从前方车辆两侧穿插或者超越行驶，不得在人行横道、网状线区域内停车等候。

机动车在车道减少的路口、路段，遇有前方机动车停车排队等候或者缓慢行驶的，应当每车道一辆依次交替驶入车道减少后的路口、路段。

（13）机动车载物不得超过机动车行驶证上核定的载质量，装载长度、宽度不得超出车厢，并应当遵守下列规定：

① 重型、中型载货汽车，半挂车载物，高度从地面起不得超过 4m，载运集装箱的车辆不得超过 4.2m。

② 其他载货的机动车载物，高度从地面起不得超过 2.5m。

③ 摩托车载物，高度从地面起不得超过 1.5m，长度不得超出车身 0.2m。两轮摩托车载物宽度左右各不得超出车把 0.15m；三轮摩托车载物宽度不得超过车身。

载客汽车除车身外部的行李架和内置的行李箱外，不得载货。载客汽车行李架载货，从车顶起高度不得超过 0.5m，从地面起高度不得超过 4m。

（14）机动车载人应当遵守下列规定：

① 公路载客汽车不得超过核定的载客人数，但按照规定免票的儿童除外，在载客人数已满的情况下，按照规定免票的儿童不得超过核定载客人数的 10%。

② 载货汽车车厢不得载客。在城市道路上，货运机动车在留有安全位置的情况下，车厢内可以附载临时作业人员 1~5 人；载物高度超过车厢栏板时，货物上不得载人。

③ 摩托车后座不得乘坐未满 12 周岁的未成年人，轻便摩托车不得载人。

（15）机动车牵引挂车应当符合下列规定：

① 载货汽车、半挂牵引车、拖拉机只允许牵引 1 辆挂车。挂车的灯光信号、制动、连接、安全防护等装置应当符合国家标准。

② 小型载客汽车只允许牵引旅居挂车或者总质量 700kg 以下的挂车。挂车不得载人。

③ 载货汽车所牵引挂车的载质量不得超过载货汽车本身的载质量。

大型、中型载客汽车，低速载货汽车，三轮汽车以及其他机动车不得牵引挂车。

（16）机动车应当按照下列规定使用转向灯：

① 向左转弯、向左变更车道、准备超车、驶离停车地点或者掉头时，应当提前开启左转向灯。

② 向右转弯、向右变更车道、超车完毕驶回原车道、靠路边停车时，应当提前开启右转向灯。

（17）机动车在夜间没有路灯、照明不良或者遇有雾、雨、雪、沙尘、冰雹等低能见度情况下行驶时，应当开启前照灯、示廓灯和后位灯，但同方向行驶的后车与前车近距离行驶时，不得使用远光灯。机动车雾天行驶应当开启雾灯和危险报警闪光灯。

（18）机动车在夜间通过急弯、坡路、拱桥、人行横道或者没有交通信号灯控制的路口时，应当交替使用远、近光灯示意。

机动车驶近急弯、坡道顶端等影响安全视距的路段以及超车或者遇有紧急情况时，应当减速慢行，并鸣喇叭示意。

（19）机动车在道路上发生故障或者发生交通事故，妨碍交通又难以移动的，应当按照规定开启危险报警闪光灯并在车后 50~100m 处设置警告标志，夜间还应当同时开启示廓灯和后位灯。

（20）牵引故障机动车应当遵守下列规定：

① 被牵引的机动车除驾驶人外不得载人，不得拖带挂车。

② 被牵引的机动车宽度不得大于牵引机动车的宽度。

③ 使用软连接牵引装置时，牵引车与被牵引车之间的距离应当大于 4m 小于 10m。

④ 对制动失效的被牵引车，应当使用硬连接牵引装置牵引。

⑤ 牵引车和被牵引车均应当开启危险报警闪光灯。

汽车吊车和轮式专用机械车不得牵引车辆。摩托车不得牵引车辆或者被其他车辆牵引。

转向或者照明、信号装置失效的故障机动车，应当使用专用清障车拖曳。

（21）驾驶机动车不得有下列行为：

① 在车门、车厢没有关好时行车。

② 在机动车驾驶室的前后窗范围内悬挂、放置妨碍驾驶人视线的物品。

③ 拨打接听手持电话、观看电视等妨碍安全驾驶的行为。

④ 下陡坡时熄火或者空档滑行。

⑤ 向道路上抛撒物品。

⑥ 驾驶摩托车手离车把或者在车把上悬挂物品。

⑦ 连续驾驶机动车超过 4h 未停车休息或者停车休息时间少于 20min。

⑧ 在禁止鸣喇叭的区域或者路段鸣喇叭。

（22）机动车在道路上临时停车，应当遵守下列规定：

① 在设有禁停标志、标线的路段，在机动车道与非机动车道、人行道之间设有隔离设施的路段以及人行横道、施工地段，不得停车。

② 交叉路口、铁路道口、急弯路、宽度不足 4m 的窄路、桥梁、陡坡、隧道以及距离上述地点 50m 以内的路段，不得停车。

③ 公共汽车站、急救站、加油站、消防栓或者消防队（站）门前以及距离上述地点 30m 以内的路段，除使用上述设施的以外，不得停车。

④ 车辆停稳前不得开车门和上下人员，开关车门不得妨碍其他车辆和行人通行。

⑤ 路边停车应当紧靠道路右侧，机动车驾驶人不得离车，上下人员或者装卸物品后，立即驶离。

⑥ 城市公共汽车不得在站点以外的路段停车上下乘客。

（23）机动车行经漫水路或者漫水桥时，应当停车察明水情，确认安全后，低速通过。

（24）机动车载运超限物品行经铁路道口的，应当按照当地铁路部门指定的铁路道口、时间通过。

机动车行经渡口，应当服从渡口管理人员指挥，按照指定地点依次待渡。机动车上下渡船时，应当低速慢行。

（25）警车、消防车、救护车、工程救险车在执行紧急任务遇交通受阻时，可以断续使用警报器，并遵守下列规定：

① 不得在禁止使用警报器的区域或者路段使用警报器。

② 夜间在市区不得使用警报器。

③ 列队行驶时，前车已经使用警报器的，后车不再使用警报器。

（26）在单位院内、居民居住区内，机动车应当低速行驶，避让行人；有限速标志的，按照限速标志行驶。

三 道路交通安全违法行为处理规定

1. 行政处罚处理程序是怎样的？

答：（1）交通警察对于当场发现的违法行为，认为情节轻微、未影响道路通行和安全的，口头告知其违法行为的基本事实、依据，向违法行为人提出口头警告，纠正违法行为后放行。各省、自治区、直辖市公安机关交通管理部门可以根据实际确定适用口头警告的具体范围和实施办法。

（2）对违法行为人处以警告或者200元以下罚款的，可以适用简易程序。对违法行为人处以200元（不含）以上罚款、暂扣或者吊销机动车驾驶证的，应当适用一般程序。不需要采取行政强制措施的，现场交通警察应当收集、固定相关证据，并制作违法行为处理通知书。对违法行为人处以行政拘留处罚的，按照《公安机关办理行政案件程序规定》实施。

（3）适用简易程序处罚的，可以由一名交通警察作出，并应当按照下列程序实施：

① 口头告知违法行为人违法行为的基本事实、拟作出的行政处罚、依据及其依法享有的权利。

② 听取违法行为人的陈述和申辩，违法行为人提出的事实、理由或者证据成立的，应当采纳。

③ 制作简易程序处罚决定书。

④ 处罚决定书应当由被处罚人签名、交通警察签名或者盖章，并加盖公安机关交通管理部门印章；被处罚人拒绝签名的，交通警察应当在处罚决定书上

注明。

⑤ 处罚决定书应当当场交付被处罚人；被处罚人拒收的，由交通警察在处罚决定书上注明，即为送达。

交通警察应当在 2 日内将简易程序处罚决定书报所属公安机关交通管理部门备案。

（4）简易程序处罚决定书应当载明被处罚人的基本情况、车辆牌号、车辆类型、违法事实、处罚的依据、处罚的内容、履行方式、期限、处罚机关名称及被处罚人依法享有的行政复议、行政诉讼权利等内容。

（5）制发违法行为处理通知书应当按照下列程序实施：

① 口头告知违法行为人违法行为的基本事实。

② 听取违法行为人的陈述和申辩，违法行为人提出的事实、理由或者证据成立的，应当采纳。

③ 制作违法行为处理通知书，并通知当事人在 15 日内接受处理。

④ 违法行为处理通知书应当由违法行为人签名、交通警察签名或者盖章，并加盖公安机关交通管理部门印章；当事人拒绝签名的，交通警察应当在违法行为处理通知书上注明。

⑤ 违法行为处理通知书应当当场交付当事人；当事人拒收的，由交通警察在违法行为处理通知书上注明，即为送达。

交通警察应当在 24h 内将违法行为处理通知书报所属公安机关交通管理部门备案。

（6）违法行为处理通知书应当载明当事人的基本情况、车辆牌号、车辆类型、违法事实、接受处理的具体地点和时限、通知机关名称等内容。

（7）适用一般程序作出处罚决定，应当由两名以上交通警察按照下列程序实施：

① 对违法事实进行调查，询问当事人违法行为的基本情况，并制作笔录；当事人拒绝接受询问、签名或者盖章的，交通警察应当在询问笔录上注明。

② 采用书面形式或者笔录形式告知当事人拟作出的行政处罚的事实、理由及依据，并告知其依法享有的权利。

③ 对当事人陈述、申辩进行复核，复核结果应当在笔录中注明。

④ 制作行政处罚决定书。

⑤ 行政处罚决定书应当由被处罚人签名，并加盖公安机关交通管理部门印章；被处罚人拒绝签名的，交通警察应当在处罚决定书上注明。

⑥ 行政处罚决定书应当当场交付被处罚人；被处罚人拒收的，由交通警察在处罚决定书上注明，即为送达；被处罚人不在场的，应当依照《公安机关办理行政案件程序规定》的有关规定送达。

（8）行政处罚决定书应当载明被处罚人的基本情况、车辆牌号、车辆类型、违法事实和证据、处罚的依据、处罚的内容、履行方式、期限、处罚机关名称及被处罚人依法享有的行政复议、行政诉讼权利等内容。

（9）一人有两种以上违法行为，分别裁决，合并执行，可以制作一份行政处罚决定书。

一人只有一种违法行为，依法应当并处两个以上处罚种类且涉及两个处罚主体的，应当分别制作行政处罚决定书。

（10）对违法行为事实清楚，需要按照一般程序处以罚款的，应当自违法行为人接受处理之时起 24h 内作出处罚决定；处以暂扣机动车驾驶证的，应当自违法行为人接受处理之日起 3 日内作出处罚决定；处以吊销机动车驾驶证的，应当自违法行为人接受处理或者听证程序结束之日起 7 日内作出处罚决定，交通肇事构成犯罪的，应当在人民法院判决后及时作出处罚决定。

（11）对交通技术监控设备记录的违法行为，当事人应当及时到公安机关交通管理部门接受处理，处以警告或者 200 元以下罚款的，可以适用简易程序；处以 200 元（不含）以上罚款、吊销机动车驾驶证的，应当适用一般程序。

2. 行政处罚执行程序是怎样的？

答：（1）对行人、乘车人、非机动车驾驶人处以罚款，交通警察当场收缴的，交通警察应当在简易程序处罚决定书上注明，由被处罚人签名确认。被处罚人拒绝签名的，交通警察应当在处罚决定书上注明。

交通警察依法当场收缴罚款的，应当开具省、自治区、直辖市财政部门统一制发的罚款收据；不开具省、自治区、直辖市财政部门统一制发的罚款收据的，当事人有权拒绝缴纳罚款。

（2）当事人逾期不履行行政处罚决定的，作出行政处罚决定的公安机关交通管理部门可以采取下列措施：

① 到期不缴纳罚款的，每日按罚款数额的 3% 加处罚款，加处罚款总额不得超出罚款数额。

② 申请人民法院强制执行。

（3）公安机关交通管理部门对非本辖区机动车驾驶人给予暂扣、吊销机动车驾驶证处罚的，应当在作出处罚决定之日起 15 日内，将机动车驾驶证转至核发地公安机关交通管理部门。

违法行为人申请不将暂扣的机动车驾驶证转至核发地公安机关交通管理部门的，应当准许，并在行政处罚决定书上注明。

（4）对违法行为人决定行政拘留并处罚款的，公安机关交通管理部门应当告知违法行为人可以委托他人代缴罚款。

25

四 交通事故的处理

1. 如何处理交通事故？

答：（1）在道路上发生交通事故，车辆驾驶人应当立即停车，保护现场；造成人身伤亡的，车辆驾驶人应当立即抢救受伤人员，并迅速报告执勤的交通警察或者公安机关交通管理部门。因抢救受伤人员变动现场的，应当标明位置。乘车人、过往车辆驾驶人、过往行人应当予以协助。

在道路上发生交通事故，未造成人身伤亡，当事人对事实及成因无争议的，可以即行撤离现场，恢复交通，自行协商处理损害赔偿事宜；不即行撤离现场的，应当迅速报告执勤的交通警察或者公安机关交通管理部门。

在道路上发生交通事故，仅造成轻微财产损失，并且基本事实清楚的，当事人应当先撤离现场再进行协商处理。

（2）车辆发生交通事故后逃逸的，事故现场目击人员和其他知情人员应当向公安机关交通管理部门或者交通警察举报。举报属实的，公安机关交通管理部门应当给予奖励。

（3）公安机关交通管理部门接到交通事故报警后，应当立即派交通警察赶赴现场，先组织抢救受伤人员，并采取措施，尽快恢复交通。

交通警察应当对交通事故现场进行勘验、检查，收集证据；因收集证据的需要，可以扣留事故车辆，但是应当妥善保管，以备核查。

对当事人的生理、精神状况等专业性较强的检验，公安机关交通管理部门应当委托专门机构进行鉴定。鉴定结论应当由鉴定人签名。

（4）公安机关交通管理部门应当根据交通事故现场勘验、检查、调查情况和有关的检验、鉴定结论，及时制作交通事故认定书，作为处理交通事故的证据。交通事故认定书应当载明交通事故的基本事实、成因和当事人的责任，并送达当事人。

（5）对交通事故损害赔偿的争议，当事人可以请求公安机关交通管理部门调解，也可以直接向人民法院提起民事诉讼。经公安机关交通管理部门调解，当事人未达成协议或者调解书生效后不履行的，当事人可以向人民法院提起民事诉讼。

（6）医疗机构对交通事故中的受伤人员应当及时抢救，不得因抢救费用未及时支付而拖延救治。肇事车辆参加机动车第三者责任强制保险的，由保险公司在责任限额范围内支付抢救费用；抢救费用超过责任限额的，未参加机动车第三者责任强制保险或者肇事后逃逸的，由道路交通事故社会救助基金先行垫付部分或者全部抢救费用，道路交通事故社会救助基金管理机构有权向交通事故责任人追偿。

（7）机动车发生交通事故造成人身伤亡、财产损失的，由保险公司在机动车第三者责任强制保险责任限额范围内予以赔偿；不足的部分，按照下列规定承担赔偿责任：

① 机动车之间发生交通事故的，由有过错的一方承担赔偿责任；双方都有过错的，按照各自过错的比例分担责任。

② 机动车与非机动车驾驶人、行人之间发生交通事故，非机动车驾驶人、行人没有过错的，由机动车一方承担赔偿责任；有证据证明非机动车驾驶人、行人有过错的，根据过错程度适当减轻机动车一方的赔偿责任；机动车一方没有过错的，承担不超过 10% 的赔偿责任。

交通事故的损失是由非机动车驾驶人、行人故意碰撞机动车造成的，机动车一方不承担赔偿责任。

（8）车辆在道路以外通行时发生的事故，公安机关交通管理部门接到报案的，参照《中华人民共和国道路交通安全法》的有关规定办理。

2. 交通事故的具体处理情形包括哪些？

答：（1）机动车与机动车、机动车与非机动车在道路上发生未造成人身伤亡的交通事故，当事人对事实及成因无争议的，在记录交通事故的时间、地点、对方当事人的姓名和联系方式、机动车牌号、驾驶证号、保险凭证号、碰撞部位，并共同签名后，撤离现场，自行协商损害赔偿事宜。当事人对交通事故事实及成因有争议的，应当迅速报警。

（2）非机动车与非机动车或者行人在道路上发生交通事故，未造成人身伤亡，且基本事实及成因清楚的，当事人应当先撤离现场，再自行协商处理损害赔偿事宜。当事人对交通事故事实及成因有争议的，应当迅速报警。

（3）机动车发生交通事故，造成道路、供电、通信等设施损毁的，驾驶人应当报警等候处理，不得驶离。机动车可以移动的，应当将机动车移至不妨碍交通的地点。公安机关交通管理部门应当将事故有关情况通知有关部门。

（4）公安机关交通管理部门或者交通警察接到交通事故报警，应当及时赶赴现场，对未造成人身伤亡，事实清楚，并且机动车可以移动的，应当在记录事故情况后责令当事人撤离现场，恢复交通。对拒不撤离现场的，予以强制撤离。

对属于上述规定情况的道路交通事故，交通警察可以使用简易程序处理，并当场出具事故认定书。当事人共同请求调解的，交通警察可以当场对损害赔偿争议进行调解。

对道路交通事故造成人员伤亡和财产损失需要勘验、检查现场的，公安机关交通管理部门应当按照勘查现场工作规范进行。现场勘查完毕，应当组织清理现场，

27

恢复交通。

（5）投保机动车第三者责任强制保险的机动车发生交通事故，因抢救受伤人员需要保险公司支付抢救费用的，由公安机关交通管理部门通知保险公司。

抢救受伤人员需要道路交通事故救助基金垫付费用的，由公安机关交通管理部门通知道路交通事故社会救助基金管理机构。

（6）公安机关交通管理部门应当根据交通事故当事人的行为对发生交通事故所起的作用以及过错的严重程度，确定当事人的责任。

（7）发生交通事故后当事人逃逸的，逃逸的当事人承担全部责任。但是，有证据证明对方当事人也有过错的，可以减轻责任。

当事人故意破坏、伪造现场、毁灭证据的，承担全部责任。

（8）公安机关交通管理部门对经过勘验、检查现场的交通事故应当在勘查现场之日起 10 日内制作交通事故认定书。对需要进行检验、鉴定的，应当在检验、鉴定结果确定之日起 5 日内制作交通事故认定书。

（9）当事人对交通事故损害赔偿有争议，各方当事人一致请求公安机关交通管理部门调解的，应当在收到交通事故认定书之日起 10 日内提出书面调解申请。

对交通事故致死的，调解从办理丧葬事宜结束之日起开始；对交通事故致伤的，调解从治疗终结或者定残之日起开始；对交通事故造成财产损失的，调解从确定损失之日起开始。

（10）公安机关交通管理部门调解交通事故损害赔偿争议的期限为 10 日。调解达成协议的，公安机关交通管理部门应当制作调解书送交各方当事人，调解书经各方当事人共同签字后生效；调解未达成协议的，公安机关交通管理部门应当制作调解终结书送交各方当事人。

交通事故损害赔偿项目和标准依照有关法律的规定执行。

（11）对交通事故损害赔偿的争议，当事人向人民法院提起民事诉讼的，公安机关交通管理部门不再受理调解申请。

在公安机关交通管理部门调解期间，当事人向人民法院提起民事诉讼的，调解终止。

（12）车辆在道路以外发生交通事故，公安机关交通管理部门接到报案的，参照《中华人民共和国道路交通安全法》和《中华人民共和国道路交通安全法实施条例》的规定处理。

车辆、行人与火车发生的交通事故以及在渡口发生的交通事故，依照国家有关规定处理。

3. 交通事故责任是如何划分的?

答：交通事故责任是指车辆驾驶人员、行人、乘车人以及其他在道路上进行与交通活动有关的人员，因违反《中华人民共和国道路交通安全法》和其他道路交通管理法规、规章的行为，造成人身伤亡或财产损失所应承担的责任。

（1）交通事故责任划分标准。公安机关交通管理部门应当根据当事人的行为对发生道路交通事故所起的作用以及过错的严重程度，确定当事人的责任。

① 因一方当事人的过错导致道路交通事故的，该方当事人承担全部责任。

② 因两方或者两方以上当事人的过错发生道路交通事故的，根据其行为对事故发生的作用以及过错的严重程度，分别承担主要责任、同等责任和次要责任。

③ 各方均无导致道路交通事故的过错，属于交通意外事故的，各方均无责任。

④ 一方当事人故意造成道路交通事故的，他方无责任。

省级公安机关可以根据有关法律、法规制定具体的道路交通事故责任确定细则或者标准。

（2）交通事故责任划分依据。交通事故赔偿责任的划分建立在交通事故责任认定的基础之上。交通事故责任的认定，在我国有统一的规定，分为全部责任、主要责任、同等责任、次要责任和无责任。《中华人民共和国民法通则》《中华人民共和国侵权责任法》《中华人民共和国道路交通安全法》等一系列法律在交通事故责任认定的基础上，对交通事故的赔偿责任进行了较为粗略的划分。具体内容如下：

① 非机动车驾驶人、行人没有过错的，由机动车一方承担全部赔偿责任。

② 非机动车驾驶人、行人有过错的，根据过错的程度适当减轻机动车一方的赔偿责任；机动车一方没有过错的，承担不超过 10% 的赔偿责任。

③ 受害人和机动车一方对交通事故的发生都没有过错的，由双方分担损失。

④ 交通事故是由非机动车驾驶人、行人故意造成的，机动车一方不承担赔偿责任。

五 机动车驾驶证的申领和使用相关规定

1. 驾驶证的登记内容有哪些?

答：机动车驾驶证由正证和副证组成，装于证件夹中。

机动车驾驶证记载和签注以下内容：

（1）机动车驾驶人信息：姓名、性别、出生日期、国籍、住址、身份证明号码（机

29

动车驾驶证号码）、照片。

（2）车辆管理所签注内容：初次领证日期、准驾车型代号、有效期限、核发机关印章、档案编号。

机动车驾驶证有效期分为 6 年、10 年和长期。

2. 驾驶证准驾车型登记代号的含义是什么？

答：准驾车型及代号见下表。

准驾车型及代号

准驾车型	代号	准驾的车辆	准予驾驶的其他准驾车型
大型客车	A1	大型载客汽车	A3、B1、B2、C1、C2、C3、C4、M
牵引车	A2	重型、中型全挂、半挂汽车列车	B1、B2、C1、C2、C3、C4、M
城市公交车	A3	核载 10 人以上的城市公共汽车	C1、C2、C3、C4
中型客车	B1	中型载客汽车（含核载 10 人以上、19 人以下的城市公共汽车）	C1、C2、C3、C4、M
大型货车	B2	重型、中型载货汽车；重型、中型专项作业车	
小型汽车	C1	小型、微型载客汽车以及轻型、微型载货汽车；轻型、微型专项作业车	C2、C3、C4
小型自动档汽车	C2	小型、微型自动档载客汽车以及轻型、微型自动档载货汽车	
低速载货汽车	C3	低速载货汽车	C4
三轮汽车	C4	三轮汽车	
残疾人专用小型自动档载客汽车	C5	残疾人专用小型、微型自动档载客汽车（允许上肢、右下肢或者双下肢残疾人驾驶）	
普通三轮摩托车	D	发动机排量大于 50mL 或者最大设计车速大于 50km/h 的三轮摩托车	E、F

（续）

准驾车型	代号	准驾的车辆	准予驾驶的其他准驾车型
普通二轮摩托车	E	发动机排量大于 50mL 或者最大设计车速大于 50km/h 的二轮摩托车	F
轻便摩托车	F	发动机排量小于或等于 50mL，最大设计车速小于或等于 50km/h 的摩托车	
轮式自行机械车	M	轮式自行机械车	
无轨电车	N	无轨电车	
有轨电车	P	有轨电车	

3. 驾驶证的申领条件有哪些?

答：（1）年龄条件

① 申请小型汽车、小型自动档汽车、残疾人专用小型自动档载客汽车、轻便摩托车准驾车型的，年龄在 18 周岁以上，70 周岁以下。

② 申请低速载货汽车、三轮汽车、普通三轮摩托车、普通二轮摩托车或者轮式自行机械车准驾车型的，年龄在 18 周岁以上，60 周岁以下。

③ 申请城市公交车、大型货车、无轨电车或者有轨电车准驾车型的，年龄在 20 周岁以上，50 周岁以下。

④ 申请中型客车准驾车型的，年龄在 21 周岁以上，50 周岁以下。

⑤ 申请牵引车准驾车型的，年龄在 24 周岁以上，50 周岁以下。

⑥ 申请大型客车准驾车型的，年龄在 26 周岁以上，50 周岁以下。

⑦ 接受全日制驾驶职业教育的学生，申请大型客车、牵引车准驾车型的，年龄在 20 周岁以上，50 周岁以下。

（2）身体条件

① 身高：申请大型客车、牵引车、城市公交车、大型货车、无轨电车准驾车型的，身高为 155cm 以上。申请中型客车准驾车型的，身高为 150cm 以上。

② 视力：申请大型客车、牵引车、城市公交车、中型客车、大型货车、无轨电车或者有轨电车准驾车型的，两眼裸视力或者矫正视力达到对数视力表 5.0 以上。申请其他准驾车型的，两眼裸视力或者矫正视力达到对数视力表 4.9 以上。单眼视力障碍，优眼裸视力或者矫正视力达到对数视力表 5.0 以上，且水平视野达到 150° 的，可以申请小型汽车、小型自动档汽车、低速载货汽车、三轮汽车、残疾人专用小型自动档载客汽车准驾车型的机动车驾驶证。

③ 辨色力：无红绿色盲。

④ 听力：两耳分别距音叉 50cm 能辨别声源方向。有听力障碍但佩戴助听设备能够达到以上条件的，可以申请小型汽车、小型自动档汽车准驾车型的机动车驾驶证。

⑤ 上肢：双手拇指健全，每只手其他手指必须有三指健全，肢体和手指运动功能正常。但手指末节残缺或者左手有三指健全，且双手手掌完整的，可以申请小型汽车、小型自动档汽车、低速载货汽车、三轮汽车准驾车型的机动车驾驶证。

⑥ 下肢：双下肢健全且运动功能正常，不等长度不得大于 5cm。但左下肢缺失或者丧失运动功能的，可以申请小型自动档汽车准驾车型的机动车驾驶证。

⑦ 躯干、颈部：无运动功能障碍。

⑧ 右下肢、双下肢缺失或者丧失运动功能但能够自主坐立，且上肢符合⑤规定的，可以申请残疾人专用小型自动档载客汽车准驾车型的机动车驾驶证。一只手掌缺失，另一只手拇指健全，其他手指有两指健全，上肢和手指运动功能正常，且下肢符合⑥规定的，可以申请残疾人专用小型自动档载客汽车准驾车型的机动车驾驶证。

（3）有下列情形之一的，不得申请机动车驾驶证：

① 有器质性心脏病、癫痫病、美尼尔氏症、眩晕症、癔病、震颤麻痹、精神病、痴呆以及影响肢体活动的神经系统疾病等妨碍安全驾驶疾病的。

② 3 年内有吸食、注射毒品行为或者解除强制隔离戒毒措施未满 3 年，或者长期服用依赖性精神药品成瘾尚未戒除的。

③ 造成交通事故后逃逸构成犯罪的。

④ 饮酒后或者醉酒驾驶机动车发生重大交通事故构成犯罪的。

⑤ 醉酒驾驶机动车或者饮酒后驾驶营运机动车依法被吊销机动车驾驶证未满 5 年的。

⑥ 醉酒驾驶营运机动车依法被吊销机动车驾驶证未满 10 年的。

⑦ 因其他情形依法被吊销机动车驾驶证未满 2 年的。

⑧ 驾驶许可依法被撤销未满 3 年的。

⑨ 法律、行政法规规定的其他情形。

未取得机动车驾驶证驾驶机动车，有⑤～⑦行为之一的，在规定期限内不得申请机动车驾驶证。

（4）初次申领机动车驾驶证的，可以申请准驾车型为城市公交车、大型货车、小型汽车、小型自动档汽车、低速载货汽车、三轮汽车、残疾人专用小型自动档载客汽车、普通三轮摩托车、普通二轮摩托车、轻便摩托车、轮式自行机械车、无轨电车、有轨电车的机动车驾驶证。

已持有机动车驾驶证，申请增加准驾车型的，可以申请增加的准驾车型为大型客车、牵引车、城市公交车、中型客车、大型货车、小型汽车、小型自动档汽车、低速载货汽车、三轮汽车、普通三轮摩托车、普通二轮摩托车、轻便摩托车、轮式自行机械车、无轨电车、有轨电车。

（5）已持有机动车驾驶证，申请增加准驾车型的，应当在本记分周期和申请前最近一个记分周期内没有记满 12 分记录。申请增加中型客车、牵引车、大型客车准驾车型的，还应当符合下列规定：

① 申请增加中型客车准驾车型的，已取得驾驶城市公交车、大型货车、小型汽车、小型自动档汽车、低速载货汽车或者三轮汽车准驾车型资格 3 年以上，并在申请前最近连续三个记分周期内没有记满 12 分记录。

② 申请增加牵引车准驾车型的，已取得驾驶中型客车或者大型货车准驾车型资格 3 年以上，或者取得驾驶大型客车准驾车型资格 1 年以上，并在申请前最近连续三个记分周期内没有记满 12 分记录。

③ 申请增加大型客车准驾车型的，已取得驾驶城市公交车、中型客车或者大型货车准驾车型资格 5 年以上，或者取得驾驶牵引车准驾车型资格 2 年以上，并在申请前最近连续五个记分周期内没有记满 12 分记录。

正在接受全日制驾驶职业教育的学生，已在校取得驾驶小型汽车准驾车型资格，并在本记分周期和申请前最近一个记分周期内没有记满 12 分记录的，可以申请增加大型客车、牵引车准驾车型。

（6）有下列情形之一的，不得申请大型客车、牵引车、城市公交车、中型客车、大型货车准驾车型：

① 发生交通事故造成人员死亡，承担同等以上责任的。

② 醉酒后驾驶机动车的。

③ 被吊销或者撤销机动车驾驶证未满 10 年的。

（7）持有军队、武装警察部队机动车驾驶证，或者持有境外机动车驾驶证，符合本规定的申请条件，可以申请相应准驾车型的机动车驾驶证。

4. 申领程序如何？

答：（1）填写《机动车驾驶申请表》；到机动车驾驶人适应性检测站接受人体适应性检测合格。

（2）交验身份证明、1 in（2.2cm×3.2cm）免冠彩色登记照片及相关证件。

（3）到车辆管理所（或分所）办理申请。

（4）学习科目一（交通法规和驾驶常识）、科目二（场地驾驶技能练习）和科目三（道路驾驶技能练习）。

（5）经科目一（理论考试：交通法规和驾驶常识）、科目二（场地驾驶技能考试）、科目三（道路驾驶技能和安全文明驾驶常识考试）考试合格后，核发机动车驾驶证。

5. 换证、补证和注销规定有哪些？

答：（1）换证规定

① 属于申请增加准驾车型的，应当收回原机动车驾驶证。

② 机动车驾驶人在机动车驾驶证的 6 年有效期内，每个记分周期均未记满 12 分的，换发 10 年有效期的机动车驾驶证；在机动车驾驶证的 10 年有效期内，每个记分周期均未记满 12 分的，换发长期有效的机动车驾驶证。

③ 机动车驾驶人应当于机动车驾驶证有效期满前 90 日内，向机动车驾驶证核发地车辆管理所申请换证。申请时应当填写申请表，并提交以下证明、凭证：

◇ 机动车驾驶人的身份证明。

◇ 机动车驾驶证。

◇ 县级或者部队团级以上医疗机构出具的有关身体条件的证明。属于申请残疾人专用小型自动档载客汽车的，应当提交经省级卫生主管部门指定的专门医疗机构出具的有关身体条件的证明。

④ 机动车驾驶人户籍迁出原车辆管理所管辖区的，应当向迁入地车辆管理所申请换证。机动车驾驶人在核发地车辆管理所管辖区以外居住的，可以向居住地车辆管理所申请换证。申请时应当填写申请表，提交机动车驾驶证人的身份证明和机动车驾驶证，并申报身体条件情况。

⑤ 年龄在 60 周岁以上的，不得驾驶大型客车、牵引车、城市公交车、中型客车、大型货车、无轨电车和有轨电车；持有大型客车、牵引车、城市公交车、中型客车、大型货车驾驶证的，应当到机动车驾驶证核发地车辆管理所换领准驾车型为小型汽车或者小型自动档汽车的机动车驾驶证。

年龄在 70 周岁以上的，不得驾驶低速载货汽车、三轮汽车、普通三轮摩托车、普通二轮摩托车和轮式自行机械车；持有普通三轮摩托车、普通二轮摩托车驾驶证的，应当到机动车驾驶证核发地或者核发地以外的车辆管理所换领准驾车型为轻便摩托车的机动车驾驶证。

申请时应当填写申请表，并提交③中规定的证明、凭证。

机动车驾驶人自愿降低准驾车型的，应当填写申请表，并提交机动车驾驶人的身份证明和机动车驾驶证。

⑥ 具有下列情形之一的，机动车驾驶人应当在 30 日内到机动车驾驶证核发地或核发地以外的车辆管理所申请换证：

◇ 在车辆管理所管辖区域内，机动车驾驶证记载的机动车驾驶人信息发生变化的。

◇ 机动车驾驶证损毁无法辨认的。

申请时应当填写申请表，并提交机动车驾驶人的身份证明和机动车驾驶证。

⑦ 机动车驾驶人身体条件发生变化，不符合所持机动车驾驶证准驾车型的条件，但符合准予驾驶的其他准驾车型条件的，应当在 30 日内到机动车驾驶证核发地或核发地以外的车辆管理所申请降低准驾车型。申请时应当填写申请表，并提交机动车驾驶人的身份证明、机动车驾驶证、县级或者部队团级以上医疗机构出具的有关身体条件的证明。

⑧ 车辆管理所对符合《机动车驾驶证申领和使用规定》（公安部令第 139 号）第 57 条至第 60 条、第 61 条第 1 款规定的，应当在 1 日内换发机动车驾驶证。

（2）补证规定：机动车驾驶证遗失的，机动车驾驶人应当向机动车驾驶证核发地或核发地以外的车辆管理所申请补发。申请时应当填写申请表，并提交以下证明、凭证：

① 机动车驾驶人的身份证明。

② 机动车驾驶证遗失的书面声明。

符合规定的，车辆管理所应当在 1 日内补发机动车驾驶证。

机动车驾驶人补领机动车驾驶证后，原机动车驾驶证作废，不得继续使用。

机动车驾驶证被依法扣押、扣留或者暂扣期间，机动车驾驶人不得申请补发。

（3）注销规定

① 机动车驾驶人身体条件发生变化，不符合《机动车驾驶证申领和使用规定》（公安部令第 139 号）第 12 条第 2 项规定或者具有第 13 条规定情形之一，不适合驾驶机动车的，应当在 30 日内到机动车驾驶证核发地车辆管理所申请注销。申请时应当填写申请表，并提交机动车驾驶人的身份证明和机动车驾驶证。

② 对符合《机动车驾驶证申领和使用规定》（公安部令第 139 号）第 61 条第 2 款规定的，应当在 1 日内注销机动车驾驶证。其中，对符合《机动车驾驶证申领和使用规定》（公安部令第 139 号）第 58 条至第 61 条规定的，还应当收回原机动车驾驶证。

6. 审验和记分规定如何？

答：（1）机动车驾驶证审验内容包括：

① 道路交通安全违法行为、交通事故处理情况。

② 身体条件情况。

③ 道路交通安全违法行为记分及记满 12 分后参加学习和考试情况。

持有大型客车、牵引车、城市公交车、中型客车、大型货车驾驶证一个记分周期内有记分的，以及持有其他准驾车型驾驶证发生交通事故造成人员死亡承担同等以上责任未被吊销机动车驾驶证的驾驶人，审验时应当参加不少于 3h 的道路交通安全法律法规、交通安全文明驾驶、应急处置等知识学习，并接受交通事故案例警示教育。

对交通违法行为或者交通事故未处理完毕的，身体条件不符合驾驶许可条件的，未按照规定参加学习、教育和考试的，不予通过审验。

（2）年龄在 70 周岁以上的机动车驾驶人，应当每年进行一次身体检查，在记分周期结束后 30 日内，提交县级或者部队团级以上医疗机构出具的有关身体条件的证明。

持有残疾人专用小型自动档载客汽车驾驶证的机动车驾驶人，应当每 3 年进行一次身体检查，在记分周期结束后 30 日内，提交经省级卫生主管部门指定的专门医疗机构出具的有关身体条件的证明。

机动车驾驶人按照《机动车驾驶证申领和使用规定》（公安部令第 139 号）第 70 条第 3 款、第 4 款规定参加审验时，应当申报身体条件情况。

（3）机动车驾驶人因服兵役、出国（境）等原因，无法在规定时间内办理驾驶证期满换证、审验、提交身体条件证明的，可以向机动车驾驶证核发地车辆管理所申请延期办理。申请时应当填写申请表，并提交机动车驾驶人的身份证明、机动车驾驶证和延期事由证明。

延期期限最长不超过 3 年。延期期间机动车驾驶人不得驾驶机动车。

7. 道路交通安全违法行为记分分值是怎样的？

答：（1）机动车驾驶人有下列违法行为之一，一次记 12 分：

① 驾驶与准驾车型不符的机动车的。

② 饮酒后驾驶机动车的。

③ 驾驶营运客车（不包括公共汽车）、校车载人超过核定人数 20% 以上的。

④ 造成交通事故后逃逸，尚不构成犯罪的。

⑤ 上道路行驶的机动车未悬挂机动车号牌的，或者故意遮挡、污损、不按规定安装机动车号牌的。

⑥ 使用伪造、变造的机动车号牌、行驶证、驾驶证、校车标牌或者使用其他机动车号牌、行驶证的。

⑦ 驾驶机动车在高速公路上倒车、逆行、穿越中央分隔带掉头的。

⑧ 驾驶营运客车在高速公路车道内停车的。

⑨ 驾驶中型以上载客载货汽车、校车、危险物品运输车辆在高速公路、城市快速路上行驶超过规定时速 20% 以上或者在高速公路、城市快速路以外的道路上行驶超过规定时速 50% 以上，以及驾驶其他机动车行驶超过规定时速 50% 以上的。

⑩ 连续驾驶中型以上载客汽车、危险物品运输车辆超过 4h 未停车休息或者停车休息时间少于 20min 的。

⑪ 未取得校车驾驶资格驾驶校车的。

（2）机动车驾驶人有下列违法行为之一，一次记 6 分：

① 机动车驾驶证被暂扣期间驾驶机动车的。

② 驾驶机动车违反道路交通信号灯通行的。

③ 驾驶营运客车（不包括公共汽车）、校车载人超过核定人数未达 20% 的，或者驾驶其他载客汽车载人超过核定人数 20% 以上的。

④ 驾驶中型以上载客载货汽车、校车、危险物品运输车辆在高速公路、城市快速路上行驶超过规定时速未达 20% 的。

⑤驾驶中型以上载客载货汽车、校车、危险物品运输车辆在高速公路、城市快速路以外的道路上行驶或者驾驶其他机动车行驶超过规定时速 20% 以上未达到 50% 的。

⑥ 驾驶货车载物超过核定载质量 30% 以上或者违反规定载客的。

⑦ 驾驶营运客车以外的机动车在高速公路车道内停车的。

⑧ 驾驶机动车在高速公路或者城市快速路上违法占用应急车道行驶的。

⑨ 低能见度气象条件下，驾驶机动车在高速公路上不按规定行驶的。

⑩ 驾驶机动车运载超限的不可解体的物品，未按指定的时间、路线、速度行驶或者未悬挂明显标志的。

⑪ 驾驶机动车载运爆炸物品、易燃易爆化学物品以及剧毒、放射性等危险物品，未按指定的时间、路线、速度行驶或者未悬挂警示标志并采取必要的安全措施的。

⑫ 以隐瞒、欺骗手段补领机动车驾驶证的。

⑬ 连续驾驶中型以上载客汽车、危险物品运输车辆以外的机动车超过 4h 未停车休息或者停车休息时间少于 20min 的。

⑭ 驾驶机动车不按照规定避让校车的。

（3）机动车驾驶人有下列违法行为之一，一次记 3 分：

① 驾驶营运客车（不包括公共汽车）、校车以外的载客汽车载人超过核定人数未达 20% 的。

② 驾驶中型以上载客载货汽车、危险物品运输车辆在高速公路、城市快速路以外的道路上行驶或者驾驶其他机动车行驶超过规定时速未达 20% 的。

③ 驾驶货车载物超过核定载质量未达 30% 的。

④ 驾驶机动车在高速公路上行驶低于规定最低时速的。

⑤ 驾驶禁止驶入高速公路的机动车驶入高速公路的。

⑥ 驾驶机动车在高速公路或者城市快速路上不按规定车道行驶的。

⑦ 驾驶机动车行经人行横道，不按规定减速、停车、避让行人的。

⑧ 驾驶机动车违反禁令标志、禁止标线指示的。

⑨ 驾驶机动车不按规定超车、让行的，或者逆向行驶的。

⑩ 驾驶机动车违反规定牵引挂车的。

⑪ 在道路上车辆发生故障、事故停车后，不按规定使用灯光和设置警告标志的。

⑫ 上道路行驶的机动车未按规定定期进行安全技术检验的。

（4）机动车驾驶人有下列违法行为之一，一次记 2 分：

① 驾驶机动车行经交叉路口不按规定行车或者停车的。

② 驾驶机动车有拨打、接听手持电话等妨碍安全驾驶的行为的。

③ 驾驶二轮摩托车，不戴安全头盔的。

④ 驾驶机动车在高速公路或者城市快速路上行驶时，驾驶人未按规定系安全带的。

⑤ 驾驶机动车遇前方机动车停车排队或者缓慢行驶时，借道超车或者占用对面车道、穿插等候车辆的。

⑥ 不按照规定为校车配备安全设备，或者不按照规定对校车进行安全维护的。

⑦ 驾驶校车运载学生，不按照规定放置校车标牌、开启校车标志灯，或者不

按照经审核确定的线路行驶的。

⑧校车上下学生，不按照规定在校车停靠站点停靠的。

⑨校车未运载学生上道路行驶，使用校车标牌、校车标志灯和停车指示标志的。

⑩驾驶校车上道路行驶前，未对校车车况是否符合安全技术要求进行检查，或者驾驶存在安全隐患的校车上道路行驶的。

⑪在校车载有学生时给车辆加油，或者在校车发动机引擎熄灭前离开驾驶座位的。

（5）机动车驾驶人有下列违法行为之一，一次记1分：

①驾驶机动车不按规定使用灯光的。

②驾驶机动车不按规定会车的。

③驾驶机动车载货长度、宽度、高度超过规定的。

④上道路行驶的机动车未放置检验合格标志、保险标志，未随车携带行驶证、机动车驾驶证的。

8. 实习标志、残疾人专用车标志是怎样的图案？

答：（1）汽车实习标志式样

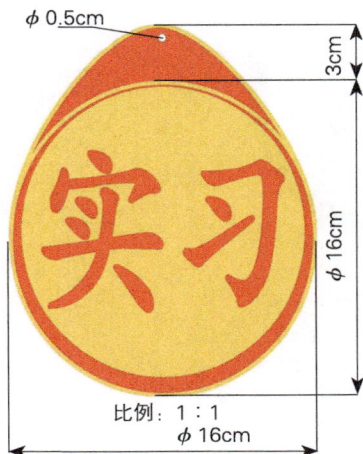

φ0.5cm

3cm

实习

φ16cm

比例：1：1

φ16cm

注：1. 实习标志的主色为黄色 Y100，配色为橘红色 M80Y100。
　　2. "实习"两字用大小为 250 磅（point，1point=0.035cm）的粗楷体。
　　3. 在实习期内驾驶机动车的，应当在车身后部粘贴或悬挂实习标志。

（2）摩托车实习标志式样

注：1. 实习标志的主色为黄色 Y100，配色为橘红色 M80Y100。

　　2. "实习"两字用大小为 130 磅（point，1point=0.035cm）的粗楷体。

　　3. 在实习期内驾驶机动车的，应当在车身后部粘贴或悬挂实习标志。

（3）残疾人机动车专用标志

式样

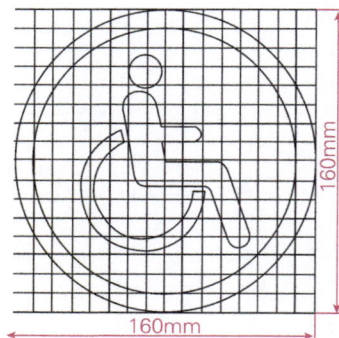

方格尺寸图

颜色值：C=100，M=80，Y=5，K=0。

六　驾驶人应具备的驾驶道德

1. 如何从小事做起？

答：车内也算得上小的公共场所了，不随地吐痰，不乱扔果皮、包装，不吸烟，不大声喧哗，不接听拨打手机等，都是一些不起眼的小事，用塑料袋收集好废物，停车后投入垃圾箱是驾驶人应当具有的基本道德。

2. 遇到非法行驶的车辆，不讲理的驾驶人应当如何处理？

答：强行加塞、超车、飙车、逆向行驶等非法驾驶行为会经常遇到，此类现象也许不会造成什么严重后果，如果以牙还牙、斗气也许就会带来灾难性的后果。遇到这类现象时正确的做法是忍让，退一步海阔天空，何乐而不为？退一步没有任何损失，较真也许会带来灾难性的后果，从发生损失的角度讲，忍是最好的选择。如果遇到无理却又胡搅蛮缠的人，不要生气，不要吵，要心平气和地据理力争，要等心情平静后再行车。如果对方动粗，应当选择报警。装个行车记录仪是取证的好方法。

3. 遇到他人有困难时怎样做？

答：遇到有人跌倒，车辆有故障求助时，应当设法帮助。当然，为了避免遭到讹诈，时刻开着行车记录仪很重要。遇有较大的交通事故，当事人无法报警时，应当提供帮助，立即报警。发现对方车辆有隐患时应当及时提醒。如果遇到失火车辆，除了报警外，还应当力所能及地帮助灭火。如果有爆炸危险，应当帮助当事人及时撤离到安全地带。

4. 怎样做到文明驾驶？

答：遇到对方超车时，应当主动减速，靠右行驶，让对方尽快超车。超车时对方不减速，甚至是加速，不让道，此时应果断放弃超车，开右转向灯返回原车道。前方车辆正在超车时不要超车。经过积水路面，遇有行人时，必须减速慢行，以免激起的水花弄脏行人。遇到老人、活蹦乱跳的小孩时，应当提前减速缓行，不要按喇叭，以免发生意外。在市内行驶时即使在非禁止鸣喇叭的路段也尽量少鸣喇叭。穿拖鞋行车既不安全也不文明。

七 身心状况与安全驾驶的关系

1. 驾驶中有哪些视觉特点？

答：人在运动时眼睛的视力称为动视力。汽车速度越快，眼睛就越不容易看清楚远处的小物体。试验证明，当汽车以 60km/h 的速度行驶时，驾驶人可看清前方 240m 处的交通标志，当车速提高到 80km/h 时，连 160m 处的交通标志都不容易看清楚了。要注意，静视力好的人不一定有好的动视力。所以高速行驶时更要仔细观察，不要去做与驾驶无关的事情。

可以通过体育锻炼提高动视力。羽毛球、乒乓球、篮球、足球等球类运动，武术、射击类游戏，都是提高动视力的好项目。跳绳等运动可以很好地训练人的动作协调能力，同时眼前快速通过的绳还能提高动视力。

夜间光线不足会导致视力下降，光线反差小的时候不易区分物体和路面，明暗反差变化过大时人眼不能一下适应，所以在这些情况下一定要将车速控制在能够及时采取措施的速度以下。

充足的维生素 A 是保持良好夜视力的重要元素。如果有夜盲现象，可以购买维生素 A 或多吃些肝脏补充。

2. 药物对驾驶有什么影响？

答： 一些药物在服用后会出现困倦、嗜睡、反应迟钝、视力模糊、视力和听力减退、注意力分散等不良反应，严重的有可能引起动作协调能力下降，从而做出影响安全驾驶的动作。例如，催眠药物、致人产生恶心呕吐反应的药物、止痛类药物、抗高血压药物、降糖药物、兴奋剂、一些感冒药等，服用后就会产生副作用。

有车族去医院看病时，应告诉医生，避免开出对驾驶产生不良影响的药物。实在不可避免时，应选择暂时放弃驾驶。自购药物时应详细阅读药品说明书，看清有哪些副作用和禁忌。

一些影响驾驶的药物列举如下：

药　物	举　例
抗感冒类药物	泰诺等，品种多
催眠药	苯巴比妥、水合氯醛等
安定药	冬眠灵（氯丙嗪）等
抗焦虑药	闷可乐（异卡波肼）、多虑平等
降血压药	利血平（利舍平）、可乐定等
抗心律失常药	如奎尼丁、心得安（普萘洛尔）等
抗心绞痛药	如硝酸甘油、消心痛（异山梨酯）、硝本啶等
抗生素	链霉素、庆大霉素等
抗过敏类药物	氯苯那敏及含有该药的复方制剂等

3. 不良情绪对安全驾驶有什么影响？

答： 驾驶人的某种不良情绪，很有可能妨碍正常的驾驶操作，严重时可能丧失理智，不再遵守职业道德和交通法规，可能导致交通事故发生。

交通事故统计结果表明，不良情绪是导致交通事故的原因之一。不良情绪主要有以下几方面：

（1）紧张。不仅新驾驶人会出现这种情绪，就是老驾驶人也有可能出现这种情绪。紧张情绪可能使本来能够应付的困难、能够避开的危险反而事与愿违。比如，由于一时的分神，突然发现有骑车人横在了路前，心情可能一下紧张起来，如果不保持镇定，可能会把加速踏板当制动踏板踩，或者踩空，导致事故发生。所以驾驶中不能紧张，平时最好能找地方或原地模拟训练突发情况的处置操作，越熟练越好。实践证明，这是克服紧张情绪的简单而有效的方法。

（2）心理压力过重。驾驶人因在工作上或生活中受到某些伤害、损失、刺激、发生口角、矛盾等，可能会产生焦虑、忧郁或愤怒感。如果带着这种心理压力驾驶车辆，会使驾驶人情绪低落，注意力不集中，反应能力下降，也是发生事故的重大隐患。请记住：开车时忘记一切烦恼，集中精力驾驶爱车吧。

（3）麻痹情绪。驾驶高性能车辆或技术娴熟的驾驶人，在道路视线良好、转入郊外高等级公路、开阔路段、即将到达目的地时，容易产生麻痹大意情绪，也容易发生交通事故。

防范措施：要经常提醒自己安全第一。

（4）急躁情绪。工作繁忙，生活琐事，长时间行驶在拥挤的街道上，长时间受堵，其他交通参与者的违法行为等，都容易使驾驶人产生急躁情绪，此时更要理性克制自己，千万不要强行超车，开"斗气车""冒险车"，一旦发生事故，麻烦更多。应把拥堵当作放松休闲、训练忍受力的好时光。

（5）错觉心理。由于周围景物的影响，上坡路可能被误认为是下坡路，下坡路可能被误认为是上坡路，结果造成上坡减速下坡加速的错误操作。

处理方法：遇到这种情况不能按主观感觉操作，要通过发动机的声音或看转速表、速度表来判断是上坡还是下坡。发动机声音变低沉，说明是上坡，应适当踩加速踏板，发动机声音变轻快，说明是下坡，应适当松抬加速踏板，必要时制动或减档。

为了扩大反射景物的范围，后视镜一般都做成凸面镜。凸面镜成像的规律是：物体距凸面镜越远，凸面镜所成的像越小；凸面镜的面越凸，这种现象则越明显。车身与路的边线平行时，后视镜中看到的影像并不平行。

当在右后视镜中看到汽车与路的右边线平行时，实际上车尾偏左。当在左后视镜中看到汽车与路面标线平行时，实际上车尾偏右。倒车入位的时候因车位短而窄，因此利用后视镜判断车身是否与车位平行时要特别注意，以免判断错误，或打错方向。

车身与路两侧的线平行

在右后视镜中看起来是前宽后窄

在左后视镜中看起来是前宽后窄

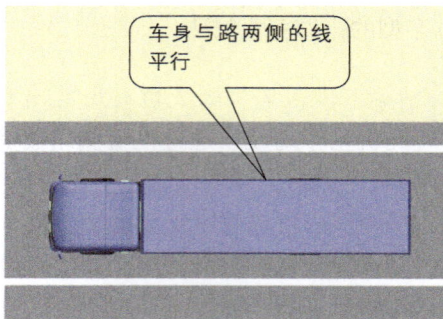

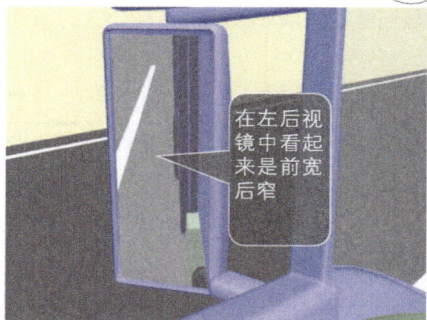

判断技巧：倒车时，如果后视镜中的车身相对路边线看起来是前宽后窄且不转动，说明在沿直线倒。当在右后视镜中看到车身右侧与右边的标线平行时，车尾实际上偏左。当在左后视镜中看到车身左侧与左边的标线平行时，实际上车尾偏右。倒入车位或移库倒入库位，利用后视镜判断车体是否与车位或库平行时要特别注意，以免判断错误，最终导致打错方向。

利用后视镜在直路上倒车的训练方法：先前行，当车和路边线平行时停车，观察后视镜中的影像，记住之后看后视镜倒车。也可把头伸出车窗，看到车左侧和左侧标线平行时停车观察后视镜中的影像，记牢之后看后视镜倒车就不会偏斜了。

由于物体越远视角越小，容易产生路比车宽，库门、车位比车宽的错觉。解决方法：利用摆桩杆、地面画线等方法培养判断车体空间位置的能力。

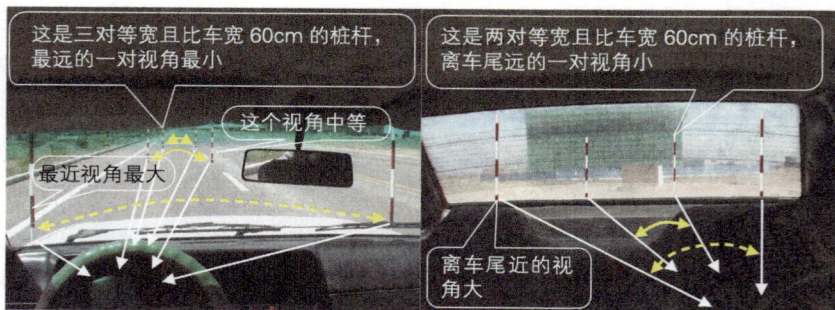

这是三对等宽且比车宽 60cm 的桩杆，最远的一对视角最小

这个视角中等

最近视角最大

这是两对等宽且比车宽 60cm 的桩杆，离车尾远的一对视角小

离车尾近的视角大

夜间在两侧树林茂密的公路上行驶时，会产生在夹道或隧道中行驶的感觉，但在两旁树木变矮或消失后容易产生道路变宽的错觉，容易酿成事故。

解决方法：在行进中应以道路边缘、道路标线作为判断车辆位置的主要依据，树木作为次要依据。

4. 年龄因素对驾驶有什么影响？

答：统计结果表明，25 岁以下的年轻驾驶人交通事故率较高，25 岁以后，随着年龄的增长，交通事故率下降。对多数人来说，年龄大于 60 岁，交通事故率又随着年龄的增长而增加。年轻驾驶人克制力较差，为寻求刺激经常超速行驶，甚至无意中进入"比赛"状态，从而导致事故率较高。对于老年驾驶人而言，随着年龄的增长，对外部交通环境的感知能力逐渐降低，容易误判，手脚变得不太灵活，从而导致交通事故率增大。

解决方法：年轻驾驶人要牢记安全第一，不争、不抢、不斗气，严格遵守交通法规，一旦发生事故，后悔时间比年长者要长得多。

适度的运动可以使人的运动能力保持在较高的水平上，而且使衰老时间大大延迟，所以年轻人要坚持不懈地运动。年长者更要适度锻炼，延缓机体的衰老，从而降低交通事故率。有些老年人都七八十岁了，走路健步如飞，骑车、玩双杠、玩单杠，很多年轻人都无法做到，原因就是他们都坚持适度运动。

一 **常见驾驶术语**

1. 什么是边筋?

答:如下面左图所示。

2. 内侧、内轮、外侧、外轮怎样区分?

答:如下面右图所示。

车头上的凹凸处,即发动机罩上的加强筋,叫边筋,驾驶中可以选为参照点

转弯时向着转弯中心的一侧叫内侧,对应的车轮称为内轮

转弯时背离转弯中心的一侧叫外侧,对应的车轮称为外轮

3. 什么是内轮差、外轮差?

答:如下图所示。

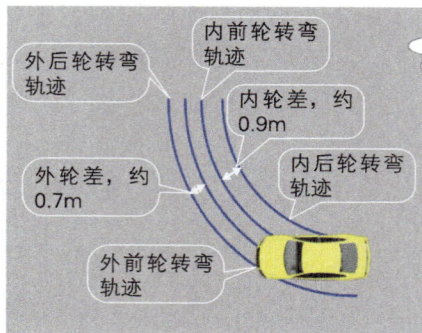

外后轮转弯轨迹

内前轮转弯轨迹

内轮差,约0.9m

外轮差,约0.7m

内后轮转弯轨迹

外前轮转弯轨迹

汽车转弯时内前轮的转弯半径比内后轮的大,它们的差称为内轮差。转弯时内前轮要离路边远一些以免内后轮驶出路面,但是对于窄路不可过远,以免外前轮驶出路面。

二　驾驶中常见的视觉规律

1. 为什么会产生盲区？盲区及其变化规律如何？

答：一般情况下，光在空气中只能沿直线传播，传播中如果有物体阻挡，就会形成各种各样的盲区。例如，房屋、树木、街道建筑物、坡、车辆互相遮挡，车体本身的遮挡等都会产生盲区。

盲区及其变化规律如以下各图所示：

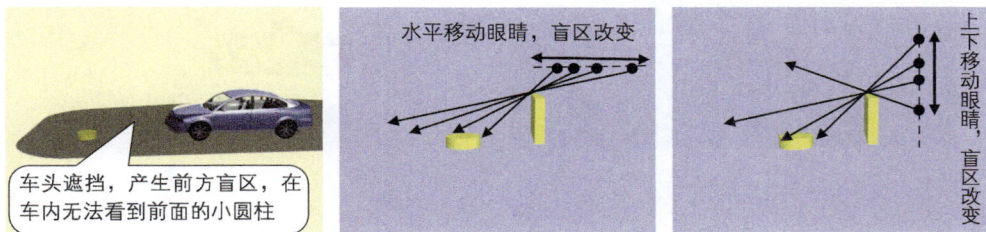

车头遮挡，产生前方盲区，在车内无法看到前面的小圆柱

水平移动眼睛，盲区改变

上下移动眼睛，盲区改变

眼的位置变化时盲区随之改变，驾驶中可利用这一点减小或改变盲区，从而看到原来盲区中看不到的地方。

2. 车体自身产生的盲区及其变化规律是怎样的？

答：车体自身产生的盲区及其变化规律如下图所示：

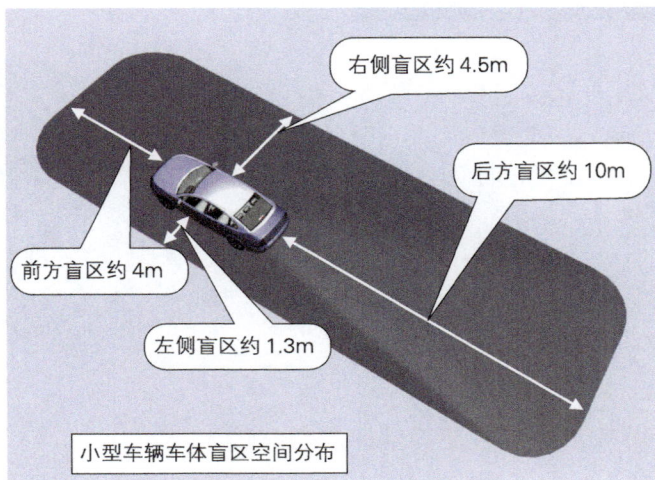

右侧盲区约 4.5m

后方盲区约 10m

前方盲区约 4m

左侧盲区约 1.3m

小型车辆车体盲区空间分布

车头遮住前方物体的高度越高，距离就越近。如果前方物体是车辆，可以看前车尾部有特征的部位来大致判断车距，如看车底边，后保险杠的上、下沿，尾灯等

部位。平时要注意观察这些部位的高度所对应的车距，不需要精确，只要确保安全即可。对于左右两侧来说，方法类似。

举例如下：

遮住后保险杠的下沿

车距约 2m

遮住后保险杠的上沿

车距约 0.7m

遮住防擦条的上沿，车距约 2m

遮住车门上筋，车距约 0.8m

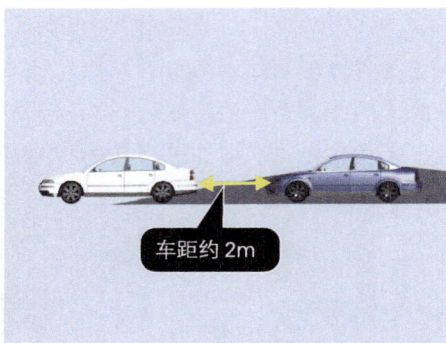

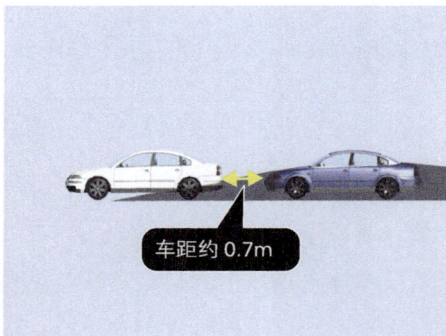

3. 车外物体产生的盲区及其规律是怎样的？

答：房屋、树木、街道建筑物、斜坡、车辆等车外物体的遮挡会产生各种各样的盲区，盲区里可能会出现行人、非机动车、机动车等。其他车辆遮挡产生的盲区是动态的，驾驶中要谨慎，在确保安全驾驶的情况下，可以通过大幅度移动头部的方法进行观察。

车辆遮挡产生的盲区

建筑物遮挡产生的盲区

树木遮挡产生的盲区

山体遮挡产生的盲区，无法看到对方

坡道盲区，看不到对方

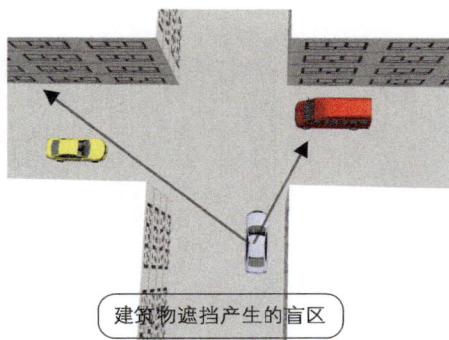

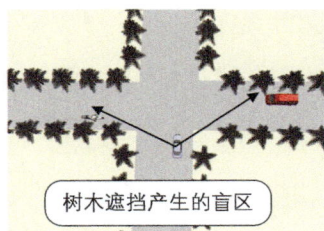

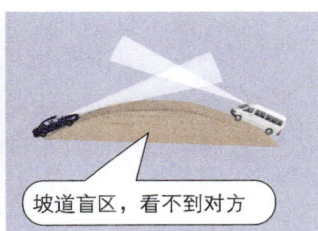

4. 后视镜也有盲区吗？

答：后视镜也有盲区，所以变更车道前和转弯通过路口时，不但要通过内、外后视镜观察后、侧方交通情况，还要直接转头看后视镜的盲区。

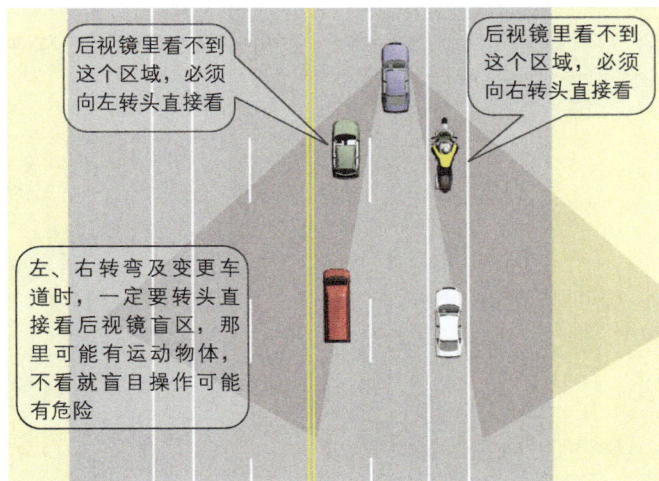

后视镜里看不到这个区域，必须向左转头直接看

后视镜里看不到这个区域，必须向右转头直接看

左、右转弯及变更车道时，一定要转头直接看后视镜盲区，那里可能有运动物体，不看就盲目操作可能有危险

5. 视角变化有什么规律？

答：视角变化规律如下图所示：

同样大的物体，越远视角越小，看起来也就越小。所以从远处看比桩门宽的车头实际上比桩门窄，不必担心开过不去

物体倾斜程度越大视角越小，看起来也就越小，所以地面的1m，比竖直的1m看起来要短

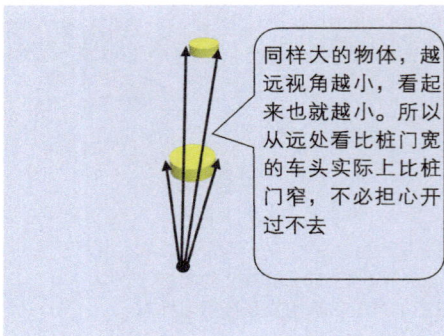

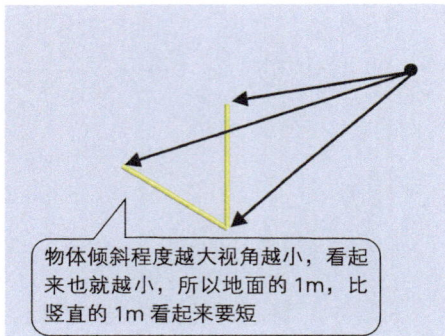

6. 怎样排除驾驶中的视觉错觉？

答：如以下各图所示：

（1）定点停车看桩杆时产生的错觉

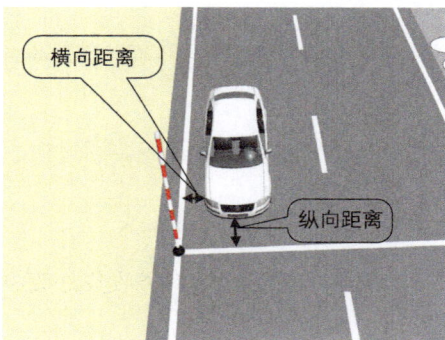

横向距离

纵向距离

在平面内确定物体的位置需要 x（横）、y（纵）两个坐标。确定汽车在地面的位置也一样。确定了距标杆的横向和纵向距离后，即可确定汽车在路面上和标杆间的相对位置。

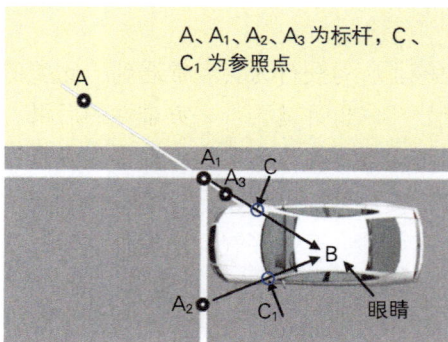

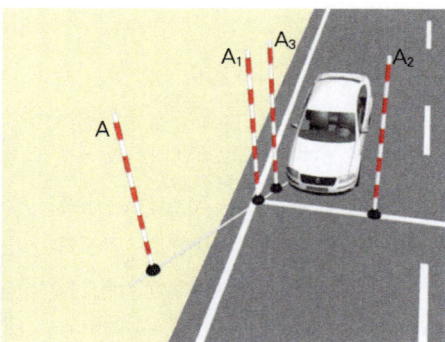

A、A_1、A_2、A_3为标杆，C、C_1为参照点

A

A_1
A_3
C

A_2
C_1

B

眼睛

A_1 A_3
A_2

A

规律：定点停车时，相对参照点C，横向距离过大时标杆将位于车头的前方，横向距离过小时标杆将位于车头的后方。所以把握好横向距离（小车要求在30cm以内），是准确停车的关键。

图中从驾驶席看，A、A_1、A_3都和车头上的C点重合，但是只有A_1与车头平齐，A在车头之前、A_3在车头之后。A距汽车右侧的距离比A_1远，A_3距汽车右侧的距离比A_1近。所以仅凭标杆与参照点C重合（纵向距离），就断定标杆与车头平齐是不对的。必须先确定标杆与汽车右侧的横向距离，然后再通过看标杆是否和参照点C重合来确定车头是否与标杆平齐。

A_1和车头平齐时，A_1似乎到了车头后方，这是一种错觉。这是光沿直线传播造成的。平头车与长头车大不一样，所以参照点的选取因车型而异。

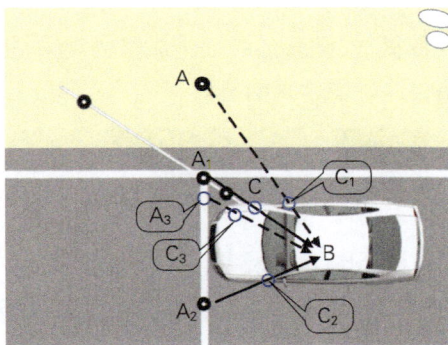

图中车头与A、A_1、A_2、A_3杆都平齐，A杆的横向距离大，参照点后移到C_1，A_3杆的横向距离小，参照点前移到C_3。A_2的参照点在C_2处。标杆位置不变，头前后左右移动也可引起参照点C变动，请驾驶中观察体会。

（2）过限宽门、移库、倒车入库时看桩杆的错觉。由于远小近大的规律，所以比车宽一点的桩门，在车头没有真正进入之前，驾驶人总是感到车比桩宽。这是错觉，不必害怕，在实际驾驶中要注意观察。

由于桩杆越近视角越大，所以在车前进的过程中，产生了远处的桩杆向车的两侧"扩散"的感觉。桩考移库时也有这样的感觉。

51

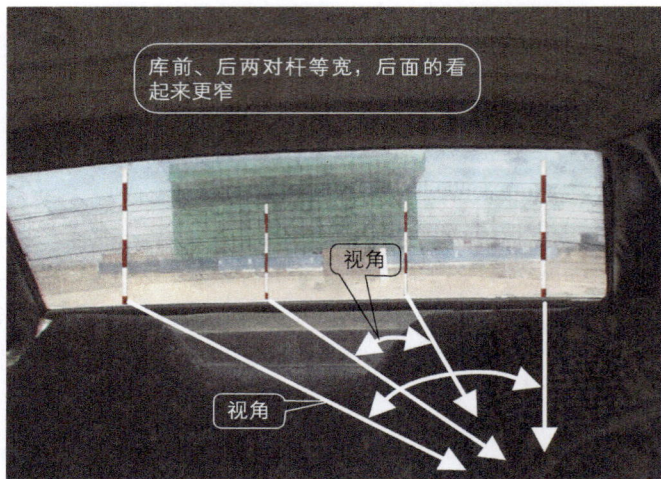

库前、后两对杆等宽，后面的看起来更窄

视角

视角

7. 后视镜成像有什么规律？

答：为了扩大反射景物的范围，后视镜一般都做成凸面镜。凸面镜成像的规律是：物体距凸面镜越远，所成的像越小；镜面越凸，这种现象越明显。

车身与路两侧的线平行

在左后视镜中看起来是前宽后窄

在右后视镜中看起来是前宽后窄

判断技巧：倒车时，如果后视镜中的车身相对路边线看起来是前宽后窄且不转动，说明在直线后倒。当在右后视镜中看到车身右侧与右边的标线平行时，车尾实际上偏左。当在左后视镜中看到车身左侧与左边的标线平行时，实际上车尾偏右。倒入车位或移库倒入库位，利用后视镜判断车体是否与车位或库平行时，要特别注意，以免判断错误，最终导致打错方向。

8. 怎样利用后视镜进行直线倒车？

答：利用后视镜在直路上倒车的训练方法：先前行，当车和路边线平行时停车，观察后视镜中的影像，记住之后，看后视镜倒车。也可把头伸出车窗，当看到车左侧和左侧标线平行时停车，观察后视镜中的影像，记牢之后再看后视镜倒车就不会偏斜了。

9. 怎样利用后视镜判断后方车距？

答：车后的物体离车越远，物体在后视镜中的影像越小。

观察能力训练方法：在合适的地方把车从另一辆停止的大、小型车辆或其他物体的左方缓慢沿直线向前开出，观察与后车相距 1m、2m、3m、5m、10m、15m、20m、30m、50m、100m、200m 等时后车在后视镜中的影像大小，从而为超车后判断驶回原车道的安全车距打基础。

10. 怎样判断车身位置和车轮位置？

答：由于车的四周有盲区，所以停在停止线外面，靠边停车，以及在停车场、车多的小区等狭窄空间判断车辆前后左右的位置成了困难的事情。其实只要掌握了其中的秘诀，判断车辆位置就会很简单。

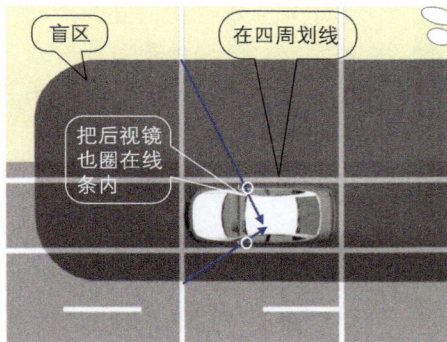

盲区　在四周划线　把后视镜也圈在线条内

在车的四周划线或放置线条、长棍等，只要能把车的四边标识出来就行。然后，以正常驾驶姿势坐在车里看前面线条和车身左、右侧相交的位置，以及后方线条在后视镜里相对车后部左、右侧的位置。

确定前保险杠位置（车前面的位置）的方法：

左后视镜　约5cm　前面和车头平齐的线在这里

右后视镜　约5cm　前面和车头平齐的线在这里

不借助倒车系统，看后视镜确定后保险杠位置（车尾位置）的方法：

这是后门把手

如果按正常驾驶姿势无法看到所画的后面的线条，那就向前移动头部

向前移动头部，后门把手上移，后门把手还剩一点时刚好看到线条

这里对应车尾的位置，倒车的时候可以用来判断车尾的位置

这是前门把手

继续向前移动头部，可以看到车尾靠前的一些地方

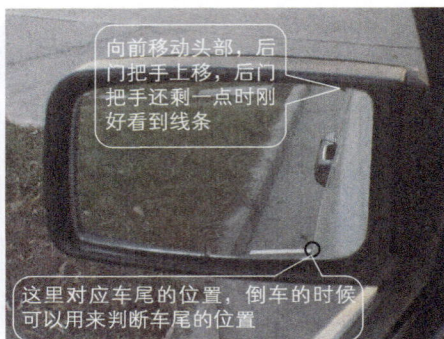

在后视镜里看不到白线，也可调整后视镜，直到看到后方的白线。但是白线对应的车尾的位置会有小的变化，要注意。

前面介绍了前后位置的确定方法，现在介绍确定左右位置的方法。

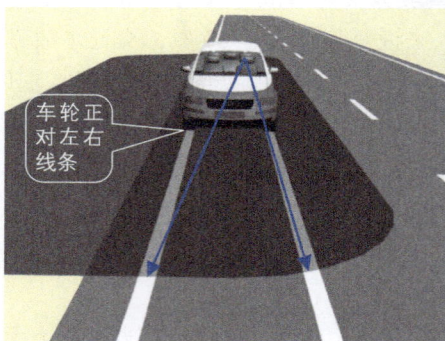

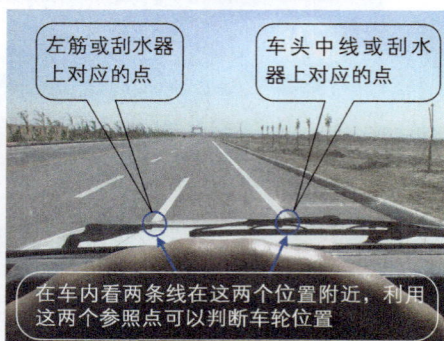

只要左右两侧的物体在此范围之外，就不会剐蹭车的两侧

在车内看，包含左右后视镜在内的线条在这两个位置附近

车轮正对左右线条

左筋或刮水器上对应的点

车头中线或刮水器上对应的点

在车内看两条线在这两个位置附近，利用这两个参照点可以判断车轮位置

线条越靠右，在车头上也越向右。线条在车头上右移 10cm，地面上实际移动了约 3 倍，即 30cm 左右。左面的情况类似。

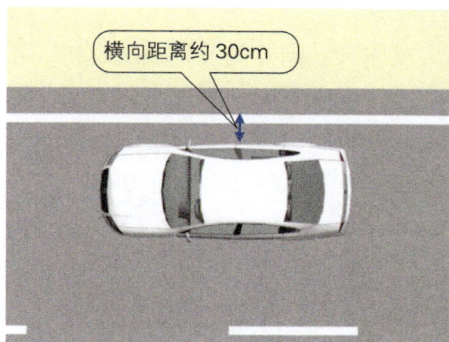

横向距离约 30cm

车头中线大致对应右轮的中间

这条线大约在车头的这个位置，注意刮水器上的凸起

相对中线右移了约 10cm

如果是向左的弯路则右边线和发动机盖上的交点向左移，弯曲程度越大，左移的越多。向右的弯路类似，详细情况请看科目二考试攻略"曲线行驶"中的内容。

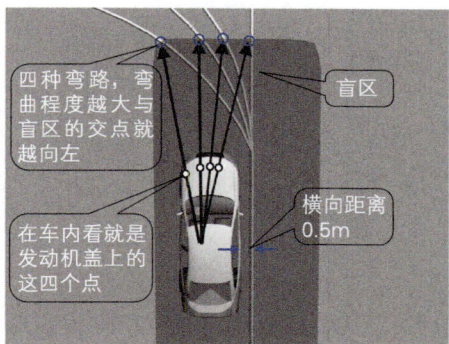

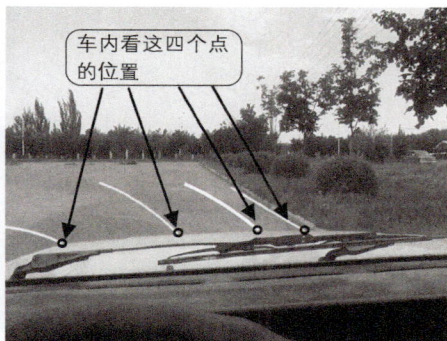

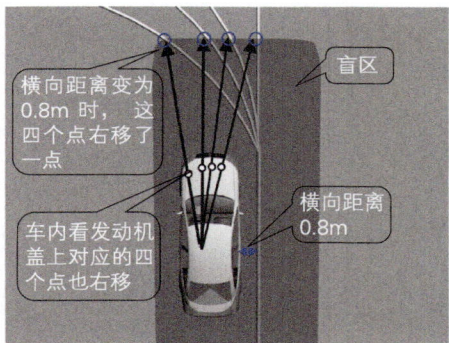

四种弯路，弯曲程度越大与盲区的交点就越向左

盲区

在车内看就是发动机盖上的这四个点

横向距离 0.5m

车内看这四个点的位置

横向距离变为 0.8m 时，这四个点右移了一点

盲区

车内看发动机盖上对应的四个点也右移

横向距离 0.8m

横向距离为 0.8m 时，车内看这四个点的位置右移了一些

所以在曲线行驶项目中，过左弯时，当车的左角压住右侧弧线行驶时，车的右侧和路的右弧线间即可保持 0.5m 的距离。

三 怎样防止转弯事故？

答：转弯有三个因素：车速、弯曲程度、摩擦力。

车速越快、弯越急，转弯时需要的摩擦力就越大。同样的弯，速度越快，需要的摩擦力就越大。转弯时车速过快、猛打方向或二者兼有时，可能会因摩擦力不足而造成侧滑、冲出路面甚至侧翻，必须避免。

雨、雪、结冰路摩擦力会减小，车速需进一步降低，必须缓慢打方向。

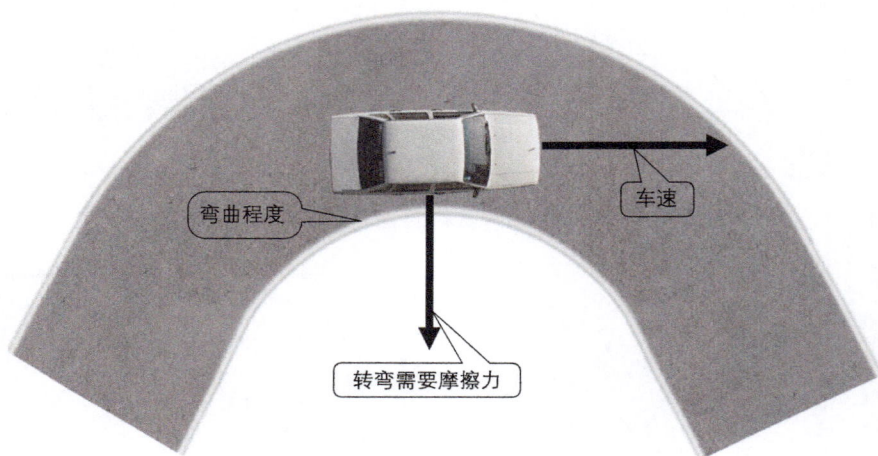

转弯的三个因素

基本操作

一 如何上下车？合适的驾驶姿势是怎样的？

答: 正确的上车过程如下面各图所示。

安全第一，从开始学开车就要严格要求自己，每个驾驶操作一定要规范、准确。一旦养成不良或者错误的操作习惯，不但纠正起来比较困难，而且会带来安全隐患。

绕车一周检查车况，停一下，左右观察道路安全

到达车的左侧后再次观察路的前后

确认左右安全后用左手开门

左手抓内侧把手

右手抓住转向盘

右脚伸向加速踏板方向

身体随之进入，自然坐好，将右脚放到加速踏板上或它的附近

左脚置于离合器踏板下方便于操作的地方

关门，锁好

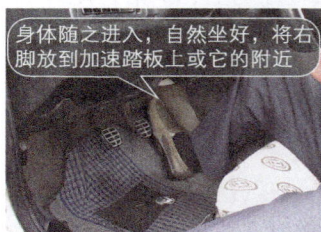

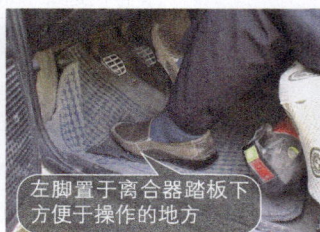

然后，双手握住转向盘，踩下离合器（自动档汽车则是踩下制动踏板），目的是试一试座椅的位置是否合适，如不合适则调整。

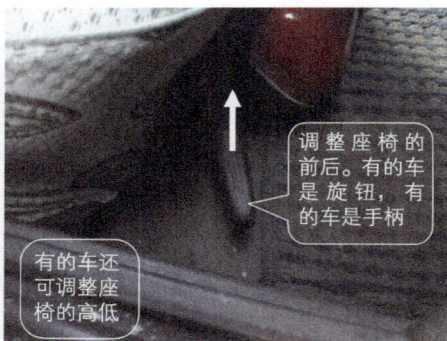

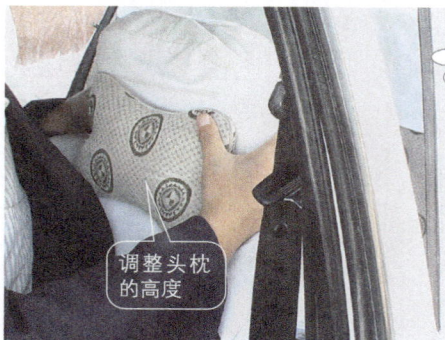

58

调整座椅靠背的倾斜度，有的车是旋钮，有的车是手柄

调整座椅的前后。有的车是旋钮，有的车是手柄

有的车还可调整座椅的高低

调整头枕的高度

调整座椅的机构及其操作差异较大，有的是手动的，有的是电动的，具体操作请看说明书，这里只用来操作示范。

调整内后视镜

以看到后风窗玻璃全部为宜

调整左后视镜

约1/2

约1/3

合适的后视镜位置

调整右后视镜

合适的后视镜位置

约1/3

约1/2

注意：座椅、后视镜并不是每次都要调整，而是在换车或换人后不适合自己时才调整。

快速拉一下安全带，如果拉不动，证明工作正常，然后慢速拉出安全带，并扣好

59

正确的下车过程如下列各图所示。

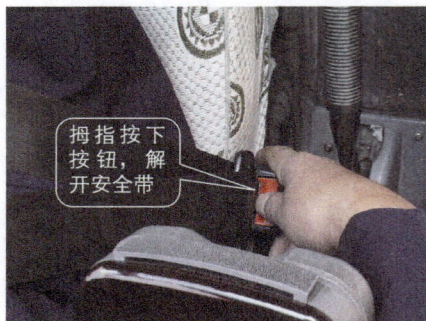

拇指按下按钮，解开安全带

先看前方是否有物体靠近，并由左、内、右三后视镜看车后有无物体靠近

微开车门确认后方是否安全

确认安全，下车锁门

正确的驾驶姿势如下列各图所示。

正确的驾驶姿势

错误的驾驶姿势：过于前倾

错误的驾驶姿势：过于后仰

驾驶姿势正确的准则：能够舒适、灵活、持久地操作各种操纵装置，观察仪表和道路情况。正确的姿势：身体对正转向盘坐稳，上身轻靠座椅靠背，胸部稍挺，腰臀部紧贴座椅拐角，两手分别握持转向盘的左、右两侧盘线，两肘自然下垂，两眼注视前方，各部分肌肉要处于自然放松状态。

二 怎样正确操作常用操纵机件？

答：（1）转向盘的正确操作如下图所示。

握转向盘的位置，不要握死

转到预定方向前，就应往回转动转向盘

高速行驶方向发生偏离时，要少打少回，速度越快打、回得就越少

行驶方向即将转到预定方向前，就应往回转动转向盘的原因：如果转到预定方向时再回方向，将转过头，因为回方向时车轮回正需要时间，在这段时间里车头仍在沿预定的方向转动。

转急弯或掉头时，双手交替法快速操作转向盘的方法，下面以右急转弯为例进行说明。首先降速至适合转弯的速度，然后先向右打方向，再向左回正。

①向右打方向。

快速推

左手继续推

快速拉

右手越过左臂抓这个位置附近

右手继续快速拉

左手收回抓这个位置附近

拉

推

重复前面的动作，直到接近预定方向

②向左回方向：动作相反。熟练后可也以利用转向盘的自动回位功能回位，手松握，但不要离开。

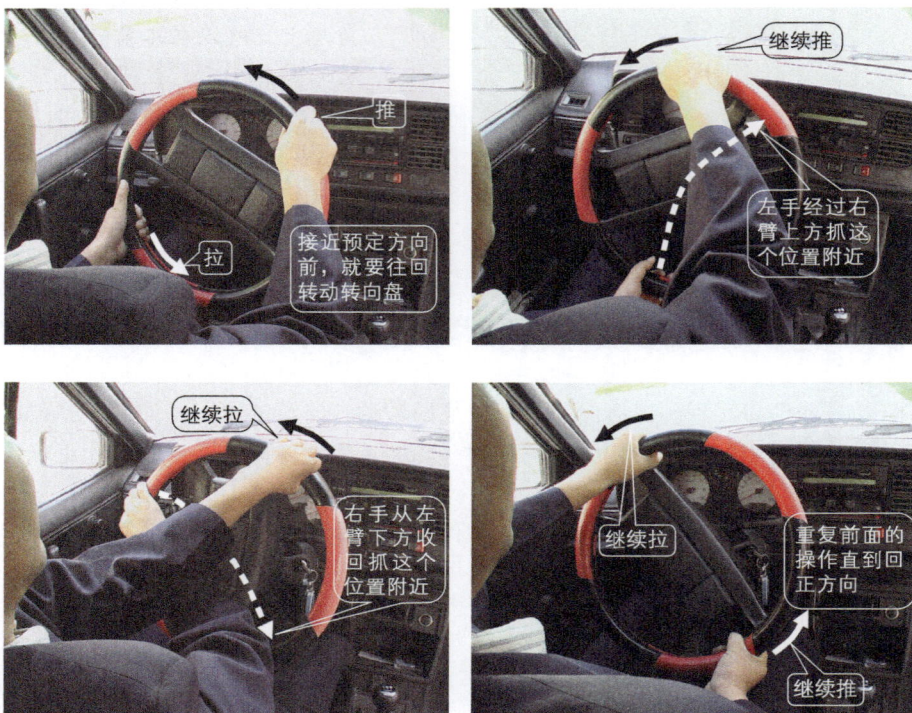

（2）变速杆的正确握法如下图所示。

档位图

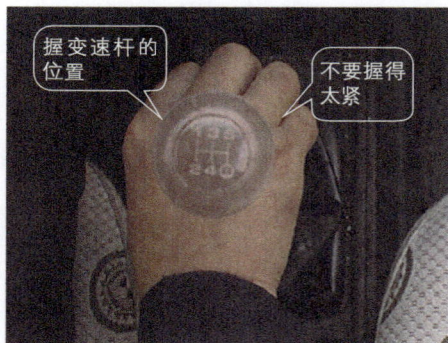

（3）离合器踏板的正确操作方法如下图所示。

左脚掌踩离合器踏板的位置

以膝关节和踝关节的伸屈动作踏下或放松。踏下时一次踏到底

②半联动阶段，稍停顿

③接合阶段，快抬

松抬离合器

①自由行程阶段，快抬

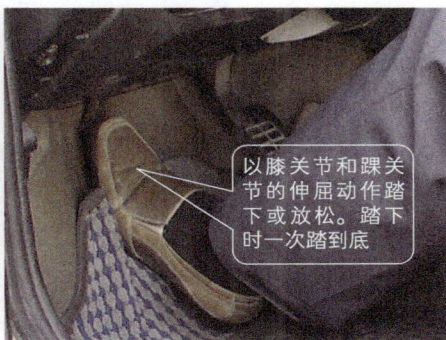

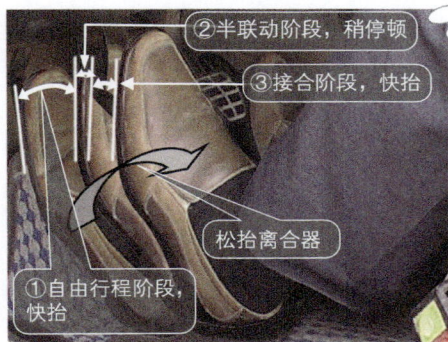

松抬离合器踏板的三个阶段：①自由行程阶段，快抬，不传递发动机的动力；②半联动阶段，稍停顿，传递一部分动力；③接合阶段，快抬，传递全部动力。

半联动的特征：发动机转速下降，声音变低沉，车身抖动。

离合器接合后左脚要移到离合器踏板下方的底板上。

（4）加速踏板的正确操作方法如下图所示。

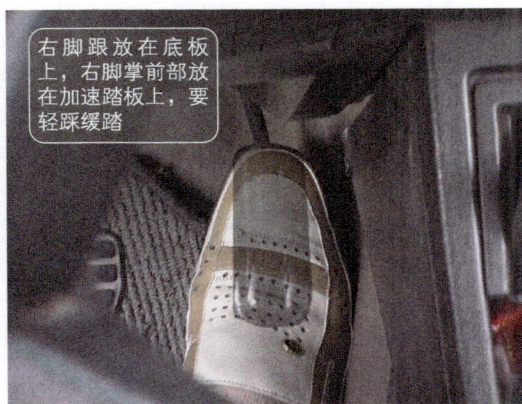

63

右脚跟放在底板上，右脚掌前部放在加速踏板上，要轻踩缓踏

（5）制动踏板的正确操纵方法如下图所示。

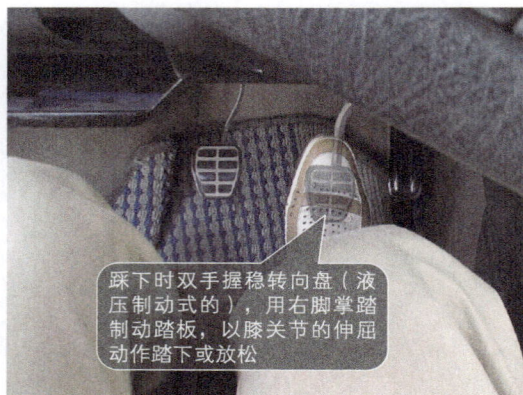

踩下时双手握稳转向盘（液压制动式的），用右脚掌踏制动踏板，以膝关节的伸屈动作踏下或放松

（6）驻车制动器（手刹）的正确操作方法如下图所示。

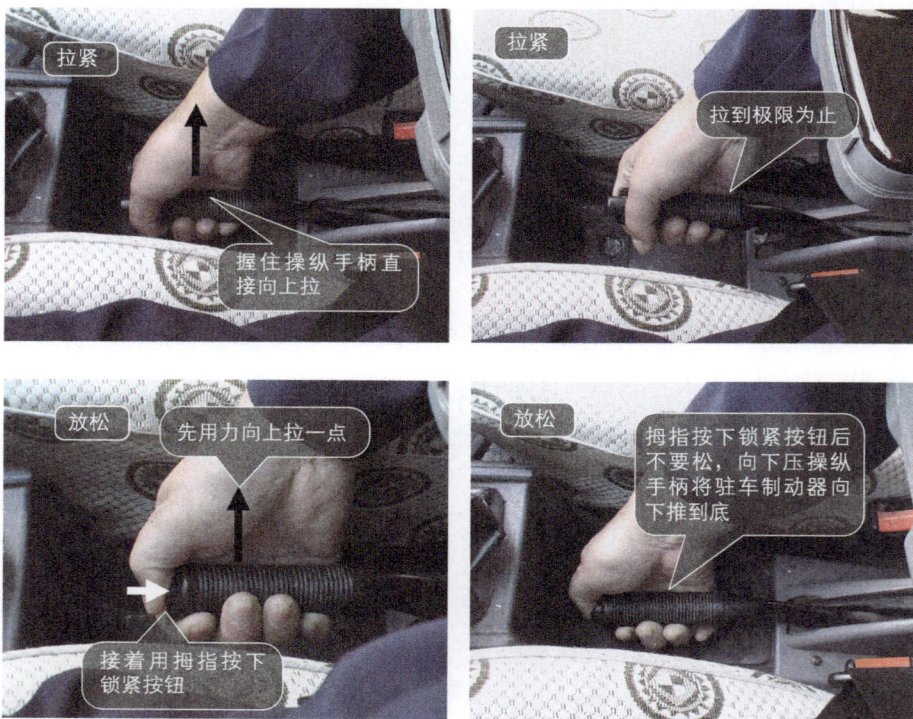

拉紧

握住操纵手柄直接向上拉

拉紧

拉到极限为止

放松

先用力向上拉一点

接着用拇指按下锁紧按钮

放松

拇指按下锁紧按钮后不要松，向下压操纵手柄将驻车制动器向下推到底

三 怎样正确识别和运用仪表、开关？

答：仪表、开关的识别和运用如以下各图所示。

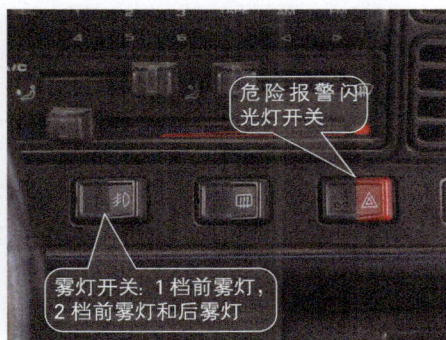

仪表读数示例。

（1）图中转速表：标有"1/min×100"字样，意思是每一刻度代表100r/min，图中接近8.5格，约8.5×100r/min=850r/min。

（2）图中速度表：表上标有km/h(千米/小时)这样一个单位，每一刻度代表

2km/h。

（3）图中冷却液温度表：四条白线分别是 0℃、50℃、90℃、100℃，红线最高处是 130℃，正常工作温度在 90℃左右。

（4）图中油位表：红线区域代表油即将耗尽，1/2 刻度代表半箱油，1/1 刻度代表油满。

（5）图中组合数字里程表：里程表和短程表合一，可通过里程表读数转换按钮转换里程读数和短程读数。里程表代表车辆行驶的总里程。短程表累计到 999.9km 时自动归零，重新累计里程。

（6）各种指示灯区域：安全带、车门、机油压力、驻车制动器、燃油报警等指示灯都在这一区域，燃油不足时，燃油报警指示灯亮。

车内各类仪表指示灯		
ABS 指示灯	EPC 指示灯	O/D 档指示灯
该指示灯用来显示 ABS 工作状况。当打开钥匙门，车辆自检时，ABS 灯会点亮数秒，随后熄灭。如果未闪亮或者车辆起动后仍不熄灭，表明 ABS 出现故障	打开钥匙门，车辆开始自检时，EPC 灯会点亮数秒，随后熄灭。如车辆起动后仍不熄灭，说明车辆机械与电子系统出现故障	该指示灯用来显示自动档的 O/D(Over-Drive) 超速档的工作状态。当 O/D 档指示灯闪亮时，说明 O/D 档已锁止，此时加速能力获得提升，但会增加油耗
安全带指示灯	蓄电池指示灯	机油指示灯
该指示灯用来显示安全带是否处于锁止状态，当该灯点亮时，说明安全带没有及时扣紧。有些车型会有相应的提示音。在安全带被及时扣紧后，该指示灯自动熄灭	该指示灯用来显示蓄电池使用状态。打开钥匙门，车辆开始自检时，该指示灯点亮。车辆起动后自动熄灭。如果车辆起动后蓄电池指示灯常亮，说明蓄电池出现了使用问题，需要更换	该指示灯用来显示发动机内机油的压力状况。打开钥匙门，车辆开始自检时，该指示灯点亮，车辆起动后熄灭。该指示灯常亮时，说明该车发动机机油压力低于规定标准，需要维修
油量指示灯	车门指示灯	气囊指示灯

（续）

车内各类仪表指示灯		
该指示灯用来显示车辆内储油量的多少。当钥匙门打开，车辆进行自检时，该指示灯会短时间点亮，随后熄灭。若车辆起动后该指示灯点亮，则说明车内油量已不足	该指示灯用来显示车辆各车门状态。任意车门未关上或者未关好，点亮相应的车门指示灯，提示车主车门未关好；当车门关闭或关好时，相应车门指示灯熄灭。	该指示灯用来显示安全气囊的工作状态。当打开钥匙门，车辆开始自检时，该指示灯自动点亮，数秒后熄灭，如果常亮，则说明安全气囊出现故障
制动盘指示灯	**驻车制动器指示灯**	**冷却液温度指示灯**
该指示灯是用来显示车辆制动盘磨损的状况。一般情况下，该指示灯为熄灭状态，当制动盘出现故障或磨损过度时，该灯点亮，修复后熄灭	该指示灯用来显示车辆驻车制动器的状态，平时为熄灭状态。当驻车制动器被拉起后，该指示灯自动点亮；驻车制动器被放下时，该指示灯自动熄灭。有的车型在行驶中未放下驻车制动器时会伴随有警告音	该指示灯用来显示发动机内冷却液的温度。在钥匙门打开，车辆自检时，该指示灯会点亮数秒后熄灭。冷却液温度指示灯常亮，说明冷却液温度超过规定值，需立刻暂停行驶，冷却液温度正常后自动熄灭
发动机指示灯	**转向指示灯**	**远光指示灯**
该指示灯用来显示车辆发动机的工作状况。当打开钥匙门，车辆自检时，该指示灯点亮后自动熄灭，如常亮，则说明车辆的发动机出现了机械故障，需要维修	该指示灯用来显示车辆转向灯所在的位置，通常为熄灭状态。当车主点亮转向灯时，相应方向的转向指示灯会同时点亮，转向灯熄灭后，该指示灯自动熄灭	该指示灯用来显示车辆远光灯的状态。通常情况下，该指示灯为熄灭状态。当车主点亮远光灯时，该指示灯会同时点亮，提示车主车辆的远光灯处于开启状态
玻璃水指示灯	**雾灯指示灯**	**示宽灯指示灯**

67

（续）

车内各类仪表指示灯		
该指示灯用来显示车辆所装玻璃水的多少，平时为熄灭状态。该指示灯点亮时，说明车辆所装玻璃水已不足，需添加玻璃水。添加玻璃水后，该指示灯熄灭	该指示灯用来显示前后雾灯的工作状况。当前后雾灯点亮时，该指示灯相应的标志就会点亮。关闭雾灯后，相应的指示灯熄灭	该指示灯用来显示车辆示宽灯的工作状态，平时为熄灭状态。当示宽灯打开时，该指示灯随即点亮。当示宽灯关闭或者关闭示宽灯打开前照灯时，该指示灯自动熄灭
内循环指示灯	**VSC 指示灯**	**TCS 指示灯**
该指示灯用来显示车辆空调系统的工作状态，平时为熄灭状态。当按下内循环按钮，车辆关闭外循环，空调系统进入内循环状态时，该指示灯自动点亮。内循环关闭时该指示灯熄灭	该指示灯用来显示车辆 VSC（电子车身稳定系统）的工作状态，多出现在日系车上。该指示灯点亮时，说明 VSC 已被关闭	该指示灯用来显示车辆 TCS（牵引力控制系统）的工作状态，多出现在日系车上。该指示灯点亮时，说明 TCS 已被关闭
车内功能按键		
油箱开启键	**ESP 开关键**	**倒车雷达键**
该按键用来在车内遥控开启油箱盖。装有该按键的车辆，驾驶人可以通过这个按键从车内将油箱盖打开。不过油箱的关闭需要手动在车外控制	该按键用来打开或关闭车辆的 ESP（车身电子稳定系统）。车辆的 ESP 默认为工作状态，为了享受更直接的驾驶感受，车主可以按下该按键关闭 ESP 系统	该按键用来根据车主需要打开或关闭车上的倒车雷达系统。驾驶人可以按下该按钮手动控制倒车雷达的工作。
中控锁键	**前照灯清洗键**	**后遮阳帘键**
该按键是车辆中控锁的控制按钮。车主可以通过按下该按钮，同时打开或关闭各车门的门锁，也可以单独关闭某一个开启的车门，从而有效保证车内人员的安全	该按键用来控制前照灯的自动清洗功能。在装有前照灯清洗装置的车辆上，车主可以通过按下这一按键开启前照灯清洗装置，对车辆的前照灯进行喷水清洗	该按键用来控制车内电动后遮阳帘的打开与关闭。在装有电动后遮阳帘的车内，车主可以通过按下这一按键打开或关闭后窗的电动遮阳帘

分时四驱车还有 2WD 和 4WD 指示灯等。

四 发动机如何起动、升温与熄火？

答： 起动前要确认冷却液、机油、燃油的数量，变速杆置于空档，确认驻车制动器处于拉紧状态。起动发动机时，一定要注意发动机的特点，以及当时气温与发动机的温度等情况。

1. 发动机的起动操作（含自动档）

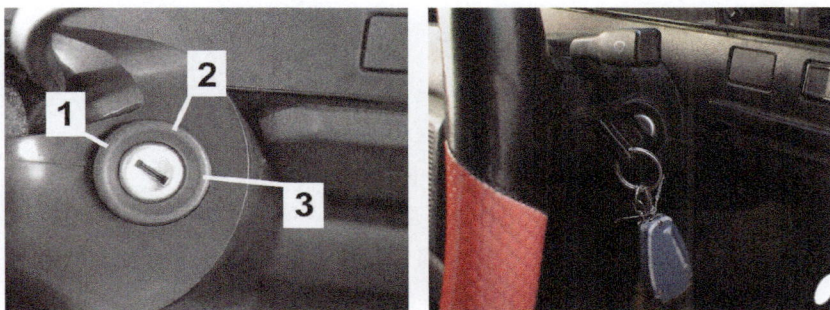

一般车辆点火开关有三个位置：位置 1 时点火开关断开，拔出后，向右转动转向盘可以锁住转向盘；位置 2 时点火开关接通；位置 3 时防止重复起动。如果钥匙不能转动，应来回轻转转向盘。

确认变速器在空档位置，将钥匙插入锁芯，先由位置 1 顺时针转动到位置 2，接通点火开关，再由位置 2 顺时针转动到位置 3 即可起动发动机。发动机起动后应立即松开点火开关。

起动发动机时，每次不要超过 5s。若一次无法起动，则连续两次起动间隔应在 15s 以上。

（1）电喷汽油发动机起动时不要踩加速踏板，踩下离合器踏板，转动点火开关，直接起动即可。

（2）柴油发动机起动时要稍微踩下加速踏板。起动前，无须踩一脚或几脚加速踏板。低温时，一般应用发动机上的预热装置预热后再起动。

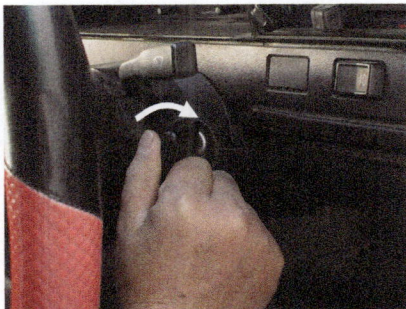

P 位

N 位

自动档汽车的起动：拧车钥匙至仪表盘有指示，确认变速杆在 P 位或 N 位，然后转动点火开关起动发动机。一些自动变速器在任何档位都能起动发动机，但是在非 N 位时必须踩制动踏板才能起动发动机。

2. 升温

在发动机起动后应观察仪表读数，最佳冷却液温度应在 80~90℃ 之间。有机油压力表的还要注意看机油压力是否在 0.2~0.4MPa 之间或 200~400kPa 之间。有电流表的还要注意看电流值是否正常。只要

接近 90℃

不是冰冻季节，发动机起动后无须升温即可起步。冰冻季节等冷却液温度表开始动的时候就可以起步了，但达到正常温度前不可全速或超速运行，要低档慢行，等温度在 50℃ 左右时，曲轴箱、变速器等机械机构中的机油都能正常润滑后就可以正常快速行驶了。具体要求请看车辆使用手册。

3. 熄火

汽油发动机熄火时，只需逆时针旋转钥匙，关闭点火开关即可。

柴油发动机熄火时，应拉出熄火拉钮，待发动机完全停熄后再推回熄火拉钮（有的是自动回位）。

自动档汽车的熄火：踩住制动踏板不放，换入 N 位，拉紧驻车制动器，换入 P 位，逆时针拧钥匙熄火，再将钥匙完全回位，拔出即可。

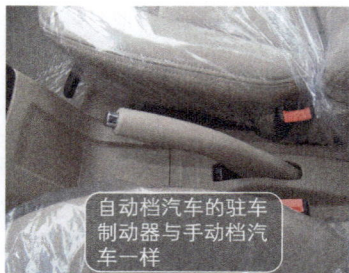

自动档汽车的驻车制动器与手动档汽车一样

五 手动档汽车基本驾驶操作技巧

1. 怎样体会半联动操作？

答：开左转向灯，挂 1 档，松驻车制动器，不要踩加速踏板，慢慢松离合器踏板，

发动机转速刚一下降，声音变低沉时，离合器开始接合，进入半联动状态。此时若稳住离合器踏板，车可能不动，再松一点，车即可蠕动，再多松一点，速度就加快一点，下踩一点，速度就降低一些，这就是半联动范围不踩加速踏板控制车速的方法。还可以在半联动的某一点稳住离合器踏板，通过改变踩加速踏板的多少来控制车速。

2. 怎样进行平路起步？

答：按上车要求上车后，保持正确的驾驶姿势，两眼注视前方道路和交通情况，不要低头下看。确认仪表指示正常，然后按下面的图示步骤起步。

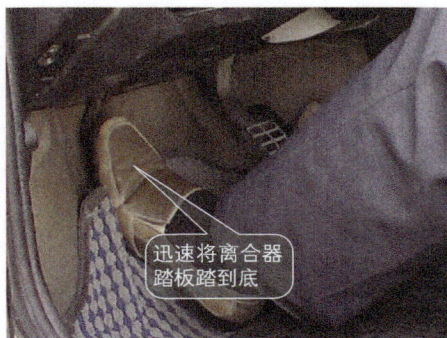

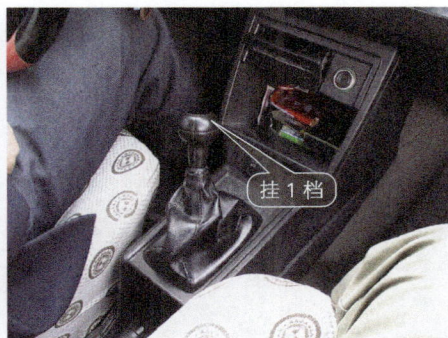

迅速将离合器踏板踏到底

挂1档

开左转向灯

按喇叭

确认前方安全

看前方

确认右侧安全

看右后视镜

71

确认后方安全　看车内后视镜

看左后视镜

确认左侧安全

　　起步时主要看左后视镜，必要时把头伸出窗外观察。在实际驾驶中，起步时为了防止和右侧或后方来的非机动车、摩托车等刮擦，也要看右后视镜和内后视镜。

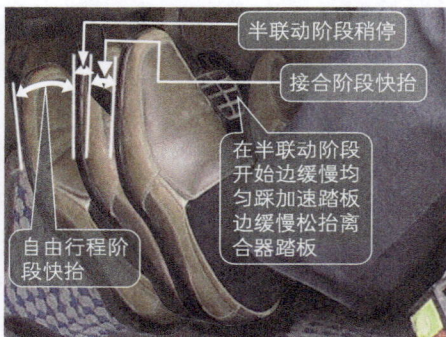

松驻车制动器（也可等到离合器半联动时边踩加速踏板边松驻车制动器

半联动阶段稍停

接合阶段快抬

在半联动阶段开始边缓慢均匀踩加速踏板边缓慢松抬离合器踏板

自由行程阶段快抬

72

　　说明： 在离合器进入半联动状态前没有必要踩加速踏板。平稳起步的关键是：在离合器半联动状态稍停顿，根据道路阻力，右脚适当踩下加速踏板，保证不熄火，然后左脚继续稍慢松开离合器踏板，同时右脚继续平稳踩下加速踏板，车辆即可平稳起步。起步后左脚彻底松开离合器踏板，并移到离合器踏板下方，继续加速行使。若离合器踏板松得过快、加速踏板踩得过轻会发生熄火现象，也可能发生蹿行后熄火的现象。离合器踏板松得过快、加速踏板踩得过重会发生蹿行现象。

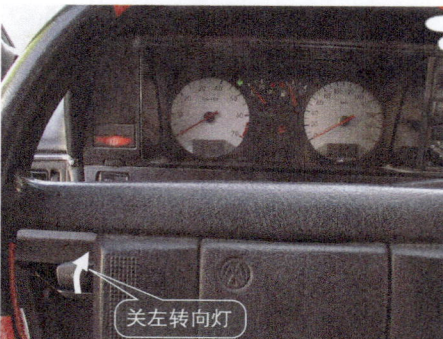

关左转向灯

　　即使在平路上，也可以在离合器半联动时，进行边踩加速踏板边放松驻车制动器的练习。这将为坡道起步打下良好的基础，也可防止在察觉不到的缓坡上溜车。最好平时就这样操作。

3. 怎样进行直线行驶与停车?

答：如下面各图所示。

目光注视 150m 外

余光注视附近和两侧

看左、右、内三后视镜的时间间隔在 20s 以内，方向偏离时要少打少回

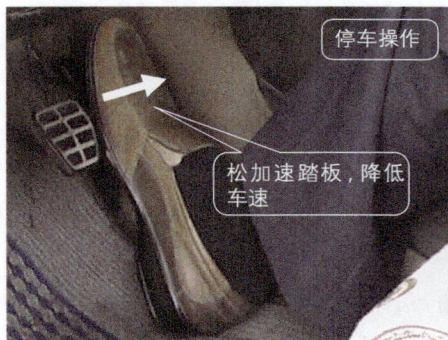

停车操作

松加速踏板，降低车速

停车操作

开右转向灯，看前方和左、内、右三后视镜，主要看右后视镜

确认交通安全后，慢慢向道路右侧或选好的停车点靠近，逐级减档

停车操作

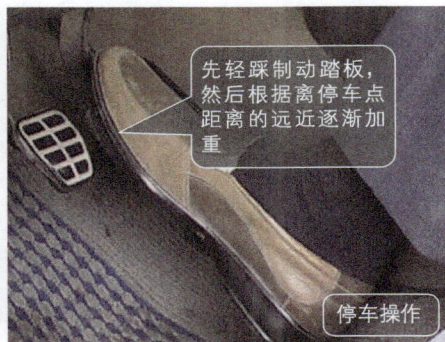

先轻踩制动踏板，然后根据离停车点距离的远近逐渐加重

停车操作

停车操作

速度降得较低时踩下离合器踏板，同时适度踩制动踏板控制车速，直至到达停车位置

拉紧驻车制动器

停车操作

停车操作

最后再松制动踏板

挂空档，先松离合器踏板

关闭右转向灯，停车操作结束

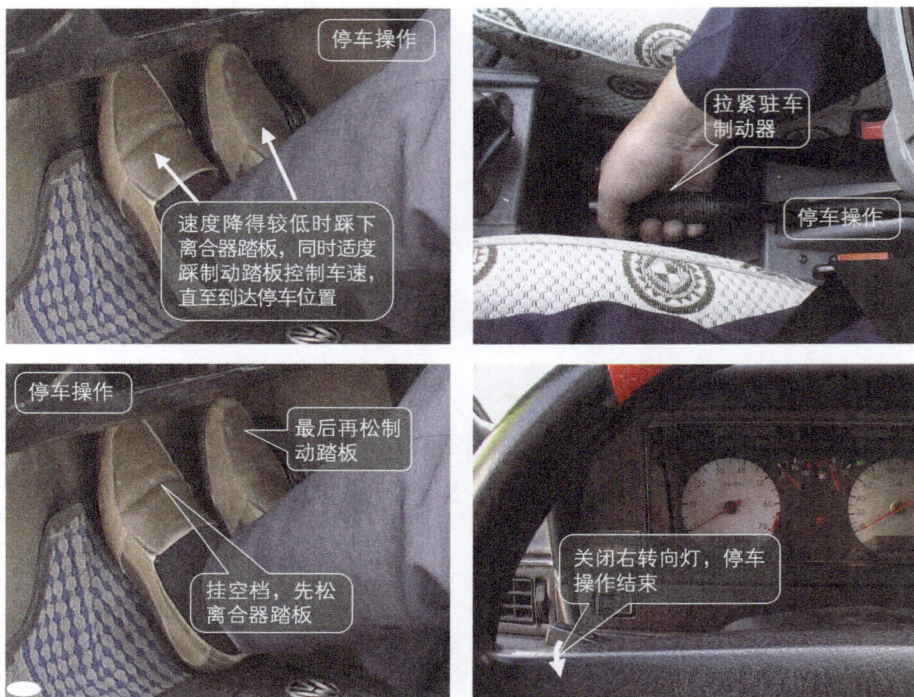

平稳停车的关键：可视停车距离的远近和车速的快慢，采用缓慢地轻、重交替踩制动踏板的办法实现平稳停车。平稳停车的关键在于恰当地运用制动踏板，特别是汽车将要停住时，要适当放松一下制动踏板，然后再适度踏下制动踏板，车即可平稳停住。

关闭点火开关，按下车要求下车

停车后，车身与道路右侧边缘线或者人行道边缘间的距离应小于 30cm，夜间在路边临时停车时应关闭前照灯并开启危险报警闪光灯。

4. 怎样进行直线倒车与停车？

答：直线倒车方法有直接伸出头看左后方倒车、看后视镜倒车、看后窗倒车三

种。倒车时挂倒档，配合离合器半联动控制车速，车速不要超过 5km/h。

看左后方倒车

直接伸出头看左后方倒车

看左后视镜倒车

后面略窄

前面略宽

看右后视镜倒车

车身和道路平行时镜中的影像

看内后视镜倒车

后窗相对路沿、标线的位置不变，不转动，说明车辆在直线后倒，若转动，说明方向偏斜需修正，但要少打少回

看后窗倒车

> **注意：** 看左、右、内三后视镜之一倒车，或反复轮流看三后视镜倒车。在实际道路驾驶中情况往往比较复杂，倒车时需要反复轮流看三后视镜，只看一块后视镜，很容易顾此失彼，导致事故发生。

看后视镜直线倒车操作要领：

（1）视觉错觉：当路沿或标线和车身平行时，在左或右后视镜中看到的影像并不平行，而是车身前面的路面略宽，车尾的路面略窄，初学者会误认为车和道路不平行，为了让镜中的影像平行，往往会本能地向相反的方向打方向，结果是斜着后倒，越来越偏。

（2）解决方法：后倒时，如果后视镜中的车身相对路面上的物体，如标线、路沿不旋转，且与路边的距离不变小或变大，说明车身已经和它们平行，正在平行于道路沿直线后倒。

在左、右转弯倒入停车位或桩考时，如果看到后视镜中车身相对于标线不转动，说明车身已正。如果看到左、右标线在左、右后视镜中相对车身左、右侧的影像对称，说明车位于库的中间。当然，当标线的长度大于后视镜的盲区时才能看到标线。

（3）确定车尾的位置。

车尾和这里对齐

后视镜中看车尾的位置在这里，如果看不到可以向前或向上伸头

注意： 后视镜也有盲区，为了看到车尾附近更多的路面，可以将头部向前、向上移动。也可调整后视镜，有的车挂倒档后可自动调整后视镜的角度。

5. 怎样进行换档训练？

（1）怎样区分档位和运用档位？

答： 如下面各图所示。

① 档位的划分。一般小型车辆的档位：

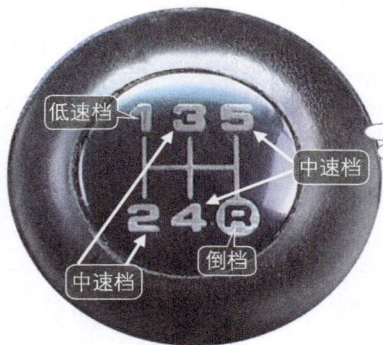

低速档　中速档　中速档　倒档

其他车辆变速器档位的划分：一般中小型汽车1、2档为低速档，3档为中速档，4、5档为高速档。部分小型汽车1档为低速档，2档为中速档，3、4档为高速档。档位标在变速杆球头上。

② 档位的运用。低速档速度慢，牵引力大，用于起步、爬陡坡、通过困难地段等。中速档用于转弯、过桥、会车，通过一般坡道或不太拥挤、难行的道路。高速档牵引力小，用于在较好的路况下长距离行驶。

（2）怎样换档？

答：由低速档换入高速档称为加档，由高速档换入低速档称为减档。

① 加档操作。以 1 档换 2 档为例。用 1 档起步后，在道路和交通情况允许的条件下平稳地踩下加速踏板，提高车速（冲车），当车速适合时即可换入 2 档（高一级档位）。步骤如下：

同时迅速踩下离合器踏板　　立即抬起加速踏板

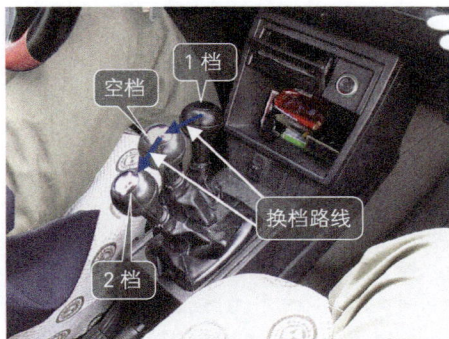

1 档　空档　2 档　换档路线

将变速杆移入空档，随即向左向后用力换入 2 档（高一级档位），接着边松离合器踏板边匀速踏下加速踏板，待加速至适合更高一级档位（3 档、4 档、5 档）的车速时，可按上述操作方法依次换入更高一级档位（3 档、4 档、5 档）。加档只能逐级加。

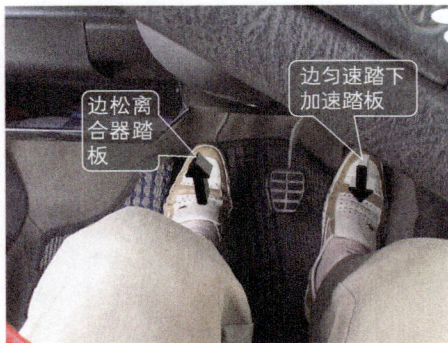

边松离合器踏板　　边匀速踏下加速踏板

加档时操纵变速杆（以普通桑塔纳轿车为例）的方法：

挂 1 档：先往左推，再往前推。

挂 2 档：往后拉摘 1 档，向左用点力，再往后拉。

挂 3 档：往前推摘 2 档，不用力手随变速杆的弹力回空档，再往前推。

挂 4 档：往后拉摘 3 档，再往后拉。

挂 5 档：往前推摘 4 档，再往右推，再往前推。

加档的关键为加档前提高车速。操作加速踏板要"匀速缓加、快抬"。换入的档位越高，抬离合器踏板的速度要越快。在中速档以下加档的过程中，换入高一级档位后，离合器踏板松抬至半联动位置时，稍停顿，再抬起，从而使发动机动力平稳传递，避免车辆发生"冲撞""抖动"现象。

② 平路起步快速加档法（为百米加减档考试打基础）。挂 1 档，稍踩加速踏板起步，稍冲车，松加速踏板，迅速将离合器踏板踩到底，换 2 档，松离合器踏

77

板稍踩加速踏板，然后在松加速踏板的同时迅速将离合器踏板踩到底，换3档。升4档、5档操作类似，只是每次加档前比上次多踩下一些加速踏板，但不可过量，如果加到3档速度已足够快，升4档、5档可不踩加速踏板。

缩短加档操作时间的技巧：熟练后踩下离合器踏板时不要踩到底，只要离合器分离后即可停止下踩，这样可以省下自由行程阶段所用的时间。松抬时离合器踏板时，只要离合器接合后即可停止放松，这比完全松到底省时间。减档时类似。

③减档操作。以5档减4档为例。

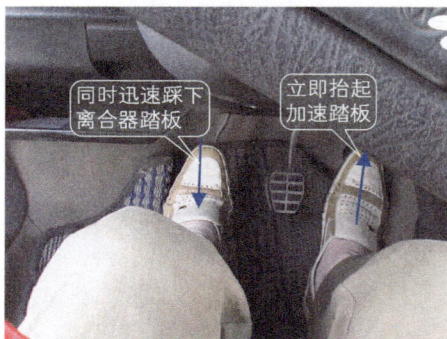

抬起加速踏板的同时迅速踩下离合器踏板，将变速杆由5档移到空档，再换入4档（低一级档位），然后按要领边放松离合器踏板边踏下加速踏板，使汽车继续行驶。其他各档类推。

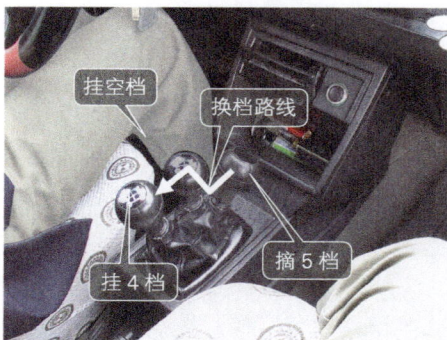

减档时操纵变速杆（以普通桑塔纳轿车为例）的用力方法：

5档减4档：先往后拉，不用力借变速杆的弹力回空档，再往后拉。

4档减3档：往前推，再往前推。

3档减2档：往后拉，往左推，再往后拉。

2档减1档：往前推，再往前推。

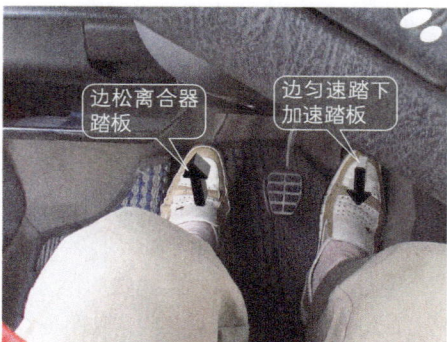

平路快速减档（为百米加减档考试打基础）：减档过程主要依靠贯性前进。在百米加减档考试中挂入5档后，松离合器不踩加速踏板，迅速将离合器踏板踩到底，换4档；松离合器踏板后不踩加速踏板，迅速将离合器踏板踩到底，换3档；松离合器踏板后不踩加速踏板，迅速将离合器踏板踩到底，换2档；松离合器踏板后不踩加速踏板，迅速将离合器踏板踩到底，边制动边换1档停车。如果减到3档后速度仍较快，3档减2档时就应适当踩制动踏板。缩短减档操作时间的技巧与加档时类似。

（3）怎样把握换档时机？换档要求如何？

答：换档时机合适的标志为：无论加档还是减档车辆都能十分平稳地前进，熟练后几乎感觉不出换档过程。

在汽车行驶中，准确掌握换档时机对平稳行驶、减少车辆故障、延长零部件寿命都很重要。加档时首先要提速到适合换入高一级档位的速度，减档时首先要降速到适合换入低一级档位的速度。速度没有提起来就加档或车速很低了还没有减档，都会因发动机动力不足造成传动系统抖动；加速踏板都快踩到底了还没有加档，则会使低档使用时间过长，燃油消耗增大。车速还很高时就减档会造成严重的顿挫现象。

① 换档时的基本要求

◇ 换档时两眼要注视前方，观察周围的情况，保持正确的驾驶姿势，牢记各个档位的位置，不得向下看变速杆，以防发生事故。身体要坐稳，左手控制好方向，握变速杆时不要死用力，换档时只需右手适当用些力，不必使大力甚至全身用力，以免带动左手导致方向跑偏。

◇ 变速杆移至空档后不要左右摇晃，以免影响换档时机和造成机件不必要的磨损。

◇ 换档时，变速器齿轮发响和挂不进档时，可能是离合器踏板没有踩到底或者发生了故障，不可硬推、强拉、乱推、乱拉，以免损坏机件。

◇ 换档时，切忌上身随之前后、左右摇动，要把握好方向。

◇ 挂倒档时，应在汽车停稳后稍等一会儿再挂。

◇ 汽车在严寒季节起步后，开始时应用低速档慢行，待传动系统各部分得到充分润滑后，再逐级换入高速档，以免损坏机件。

② 低速档换入高速档。汽车行驶时，只要道路情况允许，应迅速由低速档逐级换入高速档。注意：必须将车速提高到一定程度后再加档。在加档过程中，应注意掌握好各档位的变换时机，初学者可通过观察车速表来掌握换档时机，有经验后，不必看车速表，可以凭发动机的声音（转速的变化）和车辆动力的大小来判断换档时机。若踏下加速踏板后，发动机声音变大而车速提高不大，说明动力充足，可换入高一级档位，依次加档，直到不能加档或到最高档为止。

如果换入新的档位后，踏下加速踏板，发动机转速不高，车速仍然加快且无抖动现象，说明换档时机合适。如果换入高一级档位后，踏下加速踏板时，发动机转速下降，说明加档时机过早。

③ 高速档换入低速档。汽车在行驶中遇到阻力较大的路段或上坡时，如果发动机声音变低（转速下降），车速逐渐下降，说明动力不足，应迅速减档。减一档

位后，如果能保持稳速行驶或加速行驶，则换档时机合适。

六 自动档汽车基本驾驶操作技巧

1. 自动档汽车的档位是怎样排列的？

答： 自动档汽车档位大同小异，请参看说明书。

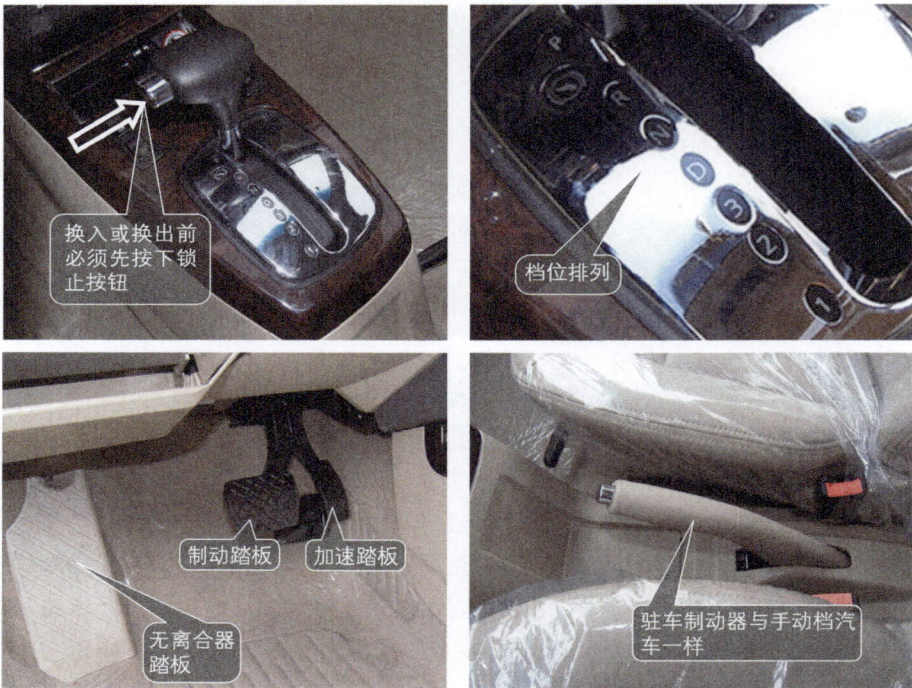

换入或换出前必须先按下锁止按钮

档位排列

制动踏板　加速踏板

无离合器踏板

驻车制动器与手动档汽车一样

各档位的作用与操作方法：

P 位——驻车锁止档。只有在汽车静止时才可以换入此档。若发动机已起动，换出前还要踩下制动踏板。

N 位——空档。发动机动力被切断。车速低于 5km/h 或汽车静止且发动机已起动时，必须按下锁止按钮并踩下制动踏板才能从 N 位换出。

D 位——行车档。在一般道路上使用这个档位。在这个档位下变速器会根据节气门大小和车速自动在 1 ~ 4 四个前进档之间进行高档或低档的切换。

3、2、1 各档位是指强制把变速器限制在某一档以下，比如 3 档就是把变速器强制限制在 4 档以下。

各档用途如下：

3 档——用于丘陵起伏的路段。此时 4 档被锁止，汽车只能在 1、2、3 档之间自动升档或减档，松开加速踏板时可以提高发动机的制动作用。

2 档——用于长山路行使。此时 3、4 档被锁止，汽车只能在 1、2 档之间自动升档或减档，松开加速踏板时可以提高发动机的制动作用。

1 档——用于陡峭山路行使。此时 2、3、4 档被锁止，只能 1 档行使。这时候可以发挥发动机的最大制动作用。要想换入这个档位，有的变速器必须按下变速杆上的锁止按钮。

手动可以换入 3、2、1 档。

R 位——倒档。只有在汽车静止且发动机怠速运转时才能换入此档。必须按下锁止按钮并踩下制动踏板才能从 P 位或 N 位换入 R 位。

2. 自动档汽车的基本操作是怎样的?

答：（1）起步：等发动机怠速下降并稳定，冷却液温度表指示正常以后，踩下制动踏板，选择 R、D、3、2、1 中的某一档位，松驻车制动器，松制动踏板，车辆蠕动起步，适当踩加速踏板可较快起步，但不要猛踩，以免发生顿挫现象。

（2）行驶：行驶中踩加速踏板加速，松加速踏板减速，踩制动踏板减速。行驶中可根据道路状况选择 D、3、2、1 中的某一档位。

（3）停车：停车要求与手动档一样，只是操作有差别。踩下制动踏板，停车后拉紧驻车制动器，短时间停车时将变速杆置于 N 位，长时间停车时将变速杆置于 P 位，松制动踏板。

若是临时停车（如遇红灯时），不必将变速杆换入 N 位（空档），只需踩制动踏板即可。

81

手自一体变速器　手动档档位　向"+"推是加档　向"—"推是减档　自动档档位　推进去自动换入手动

04 科目二考试攻略与实用技能训练

一 坡道定点停车和起步考试训练

1. 考核目的是什么?

答：考核机动车驾驶人在坡道上驾驶车辆的技能，准确判断车辆的位置，正确使用制动踏板、档位和离合器踏板，以适应在上坡路段停车与起步的需要。

2. 考场布局及评判标准是什么?

答：考场布局如图所示，其中桩杆线线宽取 30cm。

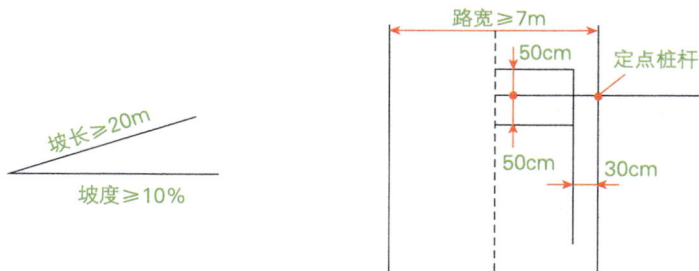

评判标准是：

◇ 车辆停止后，汽车前保险杠未定于车位线上，且前后超出 50cm，不合格。

◇ 车辆停止后，汽车前保险杠未定于桩杆线上，且前后不超出 50cm，扣 10 分。

◇ 车辆停止后，车身距离路边缘线 30cm 以上，扣 10 分。

◇ 起步时间超过 30s，不合格。

3. 操作要求是什么?

答：机动车驾驶人应通过视觉和感觉及时判断坡道的坡度、长短及路宽等道路情况，采取正确的操作方法，控制车辆平稳停车和起步。做到转向正确，换档迅速，操纵加速踏板、驻车制动器和离合器踏板的动作准确协调。

4. 如何进行考试训练?

答:考试训练方法如下面各图所示。

(1)坡道定点停车。上坡前,按考试规定(不同地方的考试要求有些差别)加到相应的档位,视坡度加速冲车,上坡后开始减档。

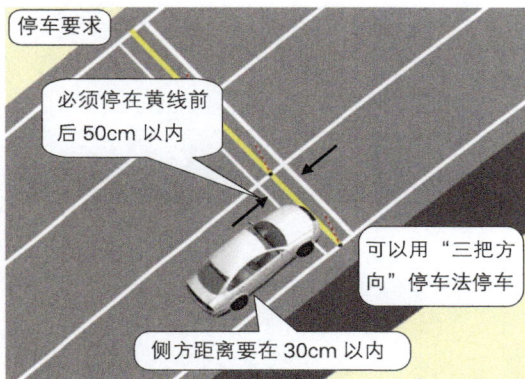

停车要求

必须停在黄线前后 50cm 以内

可以用"三把方向"停车法停车

侧方距离要在 30cm 以内

"三把方向"用于短距离靠右边停车。先向右打一把方向,靠近右边线时向左回一把,多回一点,当车身快与右边线平行时再向右回多向左回的那一点,回正后车身刚好与边线平行,且距右边线在 30cm 以内,熟练后可以做到紧贴边线。

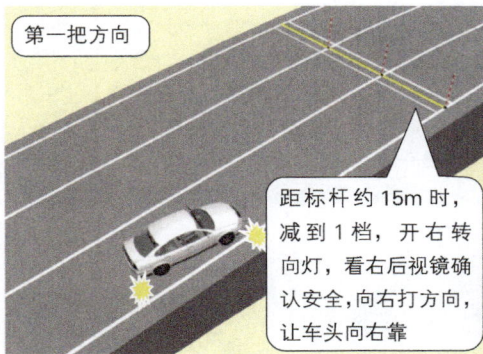

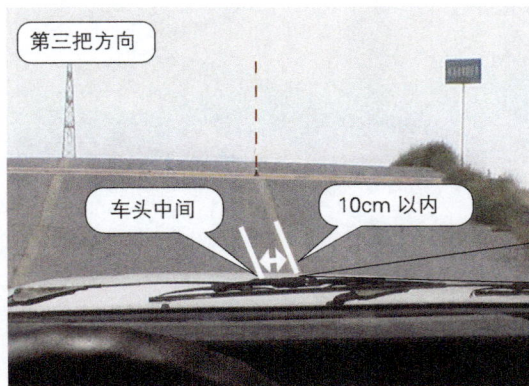

第一把方向

距标杆约 15m 时,减到 1 档,开右转向灯,看右后视镜确认安全,向右打方向,让车头向右靠

第二把方向

等车头的中间压右边线时,往左回方向,要多回一点

第三把方向

车头中间   10cm 以内

向左回方向后车头左转,车头的中间向左刚一离开边线时,开始向右回方向,视车头的中间离开右边线的距离确定回方向的速度,回正后让中线离开边线 10cm 以内,右侧与右边线的距离即可控制在 30cm 以内。如果距离过大,则再次调整时来回只要稍微动一点方向即可

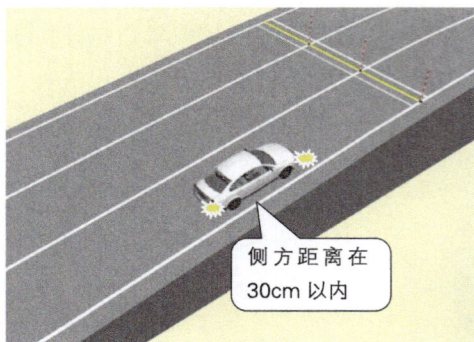

侧方距离在 30cm 以内

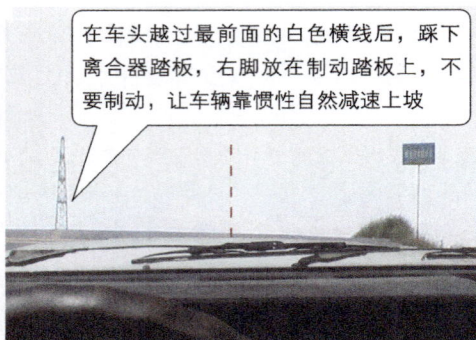

在车头越过最前面的白色横线后，踩下离合器踏板，右脚放在制动踏板上，不要制动，让车辆靠惯性自然减速上坡

等到标杆到达车头右角时，逐渐制动

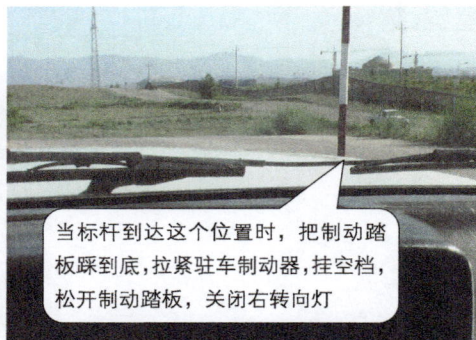

当标杆到达这个位置时，把制动踏板踩到底，拉紧驻车制动器，挂空档，松开制动踏板，关闭右转向灯

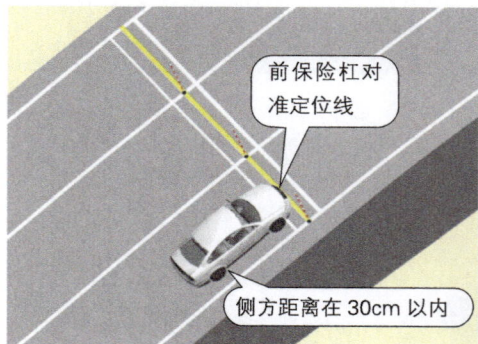

前保险杠对准定位线

侧方距离在 30cm 以内

确定好右侧距离后，还可以通过看左侧黄色标线的位置确定前保险杠的位置。当黄色标线在左后视镜后面约 5cm 处时，就可以断定前保险杠与黄色标线平齐

（2）坡道起步：如下图所示。

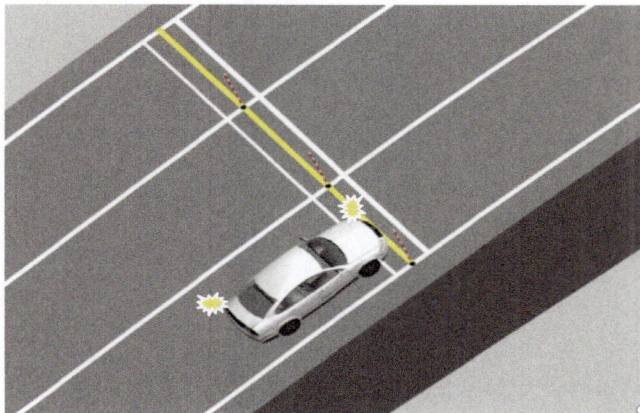

踩下离合器踏板，挂1档，开左转向灯，按喇叭，扫视右、内后视镜，看前方，看左后视镜，右手向后拉紧驻车制动器，拇指按下驻车制动器锁紧按钮，不踩加速踏板（不熟练时可以先稍踩加速踏板）慢松离合器踏板至半联动状态稳住（此时发动机声音下降，转速表指示下降，对于一般的坡，控制得好时，不松驻车制动器也不会熄火，即使不踩加速踏板松开驻车制动器车辆也不会后溜）。松驻车制动器后，根据坡度大小，适当踩下加速踏板（也可以在边平稳踩加速踏板的同时边松驻车制动器。不熟练时可在半联动状态时先稍踩加速踏板稳定发动机，再松驻车制动器），车动后继续边慢松离合器踏板边踩加速踏板，即可平稳起步。如果熄火或后溜，可立即踩制动踏板，重新拉紧驻车制动器，重做上述操作。

　　说明：按上面的方法可以做到不熄火、不后溜且非常平稳地起步。离合器、驻车制动器、加速踏板的配合方法可任选其一，以平稳起步为原则。

　　松驻车制动器要领：半联动状态下松驻车制动器时，左腿一定要稳住；右手松驻车制动器时容易无意中抬起左腿，导致离合器完全接合而造成熄火现象；也不要往下放左腿，否则会后溜。

　　节气门过小、松离合器踏板过猛、松驻车制动器过迟或没有松彻底，都可能导致熄火。松离合器踏板还没有到半联动状态时就开始松驻车制动器，将导致车辆后溜。

　　猛踩加速踏板和猛松离合器踏板可导致冲车，对机件不好。

🔴 三　侧方停车考试训练

1. 考核目的是什么？

　　答：考核机动车驾驶人将车辆正确停入道路右侧车位（库）的技能。

2. 考场布局及评判标准是什么？

答：考场布局如下图所示。

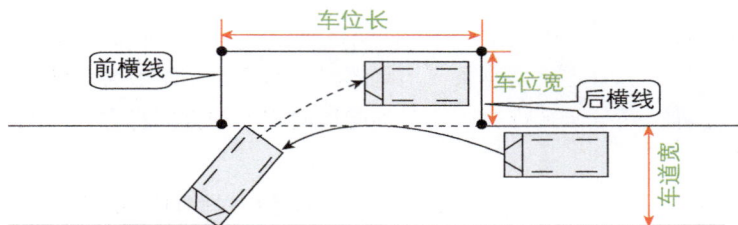

评判标准是：

◇ 车辆在进入车位停止后，车身出线，不合格。

◇ 中途停车，不合格。

◇ 行驶中轮胎触轧车道边线，扣 10 分。

3. 操作要求是什么？

答：机动车驾驶人驾驶车辆在车轮不轧碰车道边线、车位边线的情况下，通过一进一退的方式，将车辆停入右侧车位中。车辆在进入车位停止后，车身不得出线，倒车过程中车头不得超出车位前横线，行驶过程中轮胎不得触轧车道边线。

说明：培养判断车辆四角空间位置的能力是防止实际驾驶中发生四角碰擦事故的重要途径。驾驶人可以在矿泉水瓶中装土或沙石并插入树枝制作简易桩杆，摆在车位四角，进行训练。

4. 如何进行考试训练？

答：考试训练方法如下面各图所示。

（1）让车身距右侧路边线约 30cm 前行。

说明：训练时一般将车直接停在车尾与前横线大致对齐的地方，因而没有这一步操作，往往直接进行后退入位操作，最后再开到这个位置停车。

车尾前进到与前横
线大致对齐时停车

此时车右侧
与车位线相
距约30cm

车位前横线

判断大致对齐的方法为：可通过看右后视镜判
断，也可在道路左边或左侧路面物体上和身体
平齐处选取一个参照点来判断

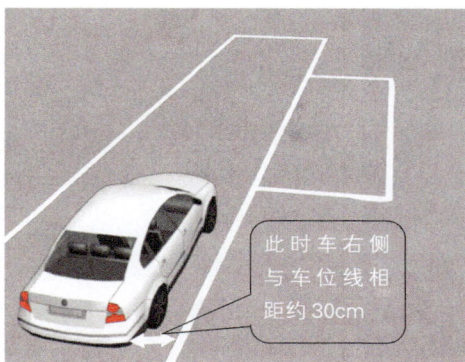

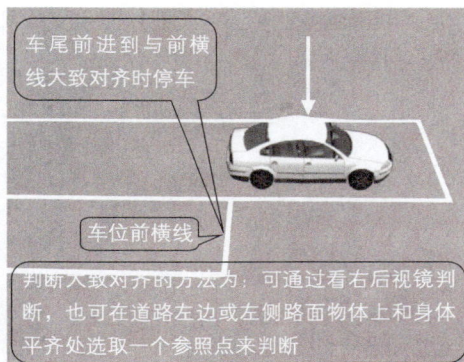

判断车尾与车位前横线大致对齐的具体方法：当车停在车尾与车位前横线基本平齐的位置时，坐在车里选取适合自己身高和驾驶姿势的参照点，记住参照点的位置。注意：车辆在同样的位置时，每个人在车内看到的位置是有些差别的，所以选参照点时，一定要在大家普遍选取的参照点处，注意自己所看到的具体位置，否则驾驶中会产生较大的偏差。

在起点要看清车位的
左前角和车位线在右
后视镜中的位置

说明： 因为右侧盲区大，所以向右看无法看到车位前横线。后视镜也有盲区，在正常行驶所调整到的位置和正常驾驶姿势的情况下，也无法看到车位前横线，后视镜里看到的是车位后横线，不要误认为是车位前横线。

解决方法：利用右后视镜判断。

方法1：在正常行驶所调整到的后视镜的位置下，身体尽量向前探，不是特别矮的人，都能在右后视镜的底部看到车位前横线，在后视镜底部刚一看到这条线时停车，即可保证停车后车尾基本上与车位前方横线对齐。

方法2：向下调整右后视镜的角度，车尾与车位前横线大致对齐时，也可以直接看到车位前横线。

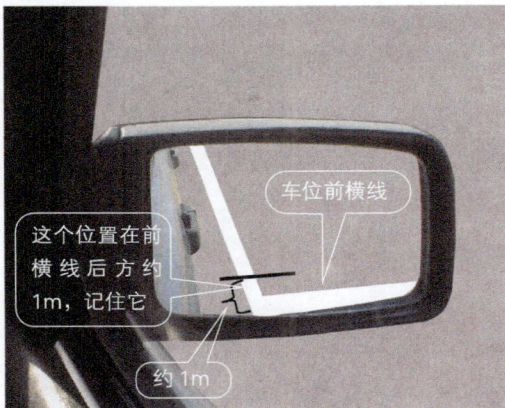

车位前横线

这个位置在前
横线后方约
1m，记住它

约1m

注意：正常驾驶姿势时小镜中看到的是车位前横线

注意：正常驾驶姿势时原镜中看到的是车位后横线

方法 3：在后视镜上方加装一块小后视镜，调整到能直接看到后车轮的位置。

方法 4：当车尾与车位前横线平齐时，在道路左边或左面的其他物体上选一个和身体平齐的参照点，在以后的驾驶中，当向左看到身体和这个参照点即将对齐时停车，即可保证停车后车尾基本上与车位前横线对齐。当然，也可以选择车右面能看得见的有特点的物体做参照。

比如这里身体刚好对准了路沿石的中间，就把这里选为参照点

选车头前方 4m 稍多些的地方作为参照点

刚遮住车位前横线

方法 5：前进中看到车头刚遮住车位前横线时，目测车头前方 4m 稍多些的地方，前进到车头遮住这里时停车，也可保证停车后车尾基本上与车位前方横线对齐。

　　总之，参照点的选取不唯一，只要选好了参照点的位置，就可以判断车身的位置，也就可以间接"看"了。

　　（2）后退入位。倒车的时候可以利用离合器半联动把车速控制在蠕动状态。

挂倒档，半联动，开左转向灯

后轮轴与车位前横线平齐时，向右打满方向，转头看左后视镜

这是前门把手

继续向前移动头部，可以看到车尾再靠前一些地方

　　判断后轮轴与车位前横线平齐的方法：对应前一步的方法1、方法2，倒车时，当黑线后移到刚从右后视镜中消失时，后轮轴就与车位前横线基本平齐。对应前一步的方法3，在附加的小后视镜中可以直接看到轮轴与车位前横线平齐。对应前一步的方法4、方法5，看到车相对参照点后退约1m时，后轮轴就与车位前横线基本平齐。

在左后视镜里看到车位的右后角时立即向左回正方向

回正方向后，左后轮离车位线已经很近了，沿直线后退片刻

也可直接看小后视镜中左后轮的位置

后退片刻，左后轮刚贴上车位线时，立即向左打满方向，接着通过左后视镜看车位线

（3）停车：如下列各图所示。

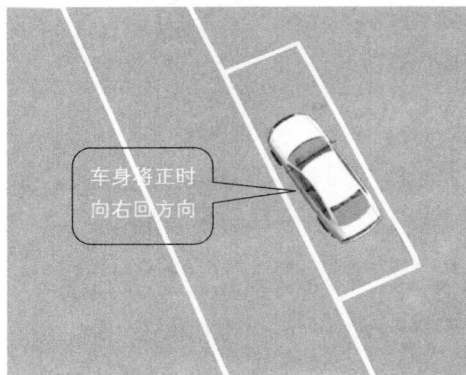

车身将正时向右回方向

此时在左后视镜里看到的车位线的位置

向右回正方向，车正，距车位后横线约20cm 处停车

此时在左后视镜里看到的车位线的位置

（4）驶出车位：如下图所示。

左前角接近路的左边线时，调整车身使其与路边线平行前进，即可驶出车位，到指定位置停车即可。

开左转向灯，挂 1 档，可配合离合器半联动，起步后向左打满方向前进。

三　曲线行驶考试训练

1. 考核目的是什么?

答：考核机动车驾驶人操纵转向盘、控制车辆曲线行驶的能力。

2. 考场布局及评判标准是什么?

答：考场布局如下图所示。

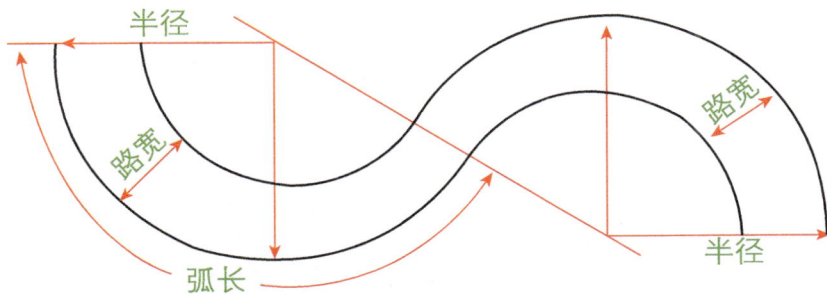

半径　路宽　路宽　半径　弧长

评判标准是：

◇ 车轮轧道路边缘线，不合格。

◇ 中途停车，不合格。

3. 操作要求是什么？

答：机动车驾驶人驾驶车辆从弯道的一端前进驶入，减速换档，以低速档低速从另一端驶出。行驶中不得轧弯道边缘线，应转向自如。

4. 如何进行考试训练？

答：考试训练方法如以下各图所示。

（1）转左弯：如下图所示。

左弯右侧弧线

车头中间靠右约 15cm，注意这个凸起

车头中间对应右轮位置

车头遮住路口时不要向左打方向

进入入口前，换 1 档，让车头中间靠右约 15cm 附近对准右侧边线前进，这样可以保证车右侧距右边线的距离在 50cm 左右

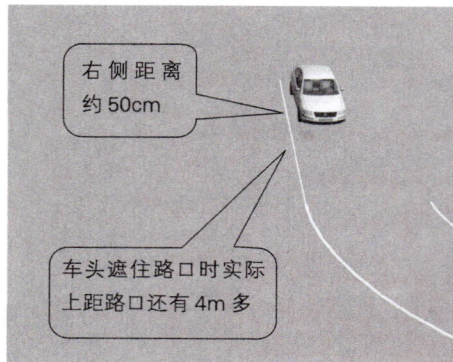

右侧距离约 50cm

车头遮住路口时实际上距路口还有 4m 多

左筋

直行，等右侧弧线快到左筋或刮水器上的点时，逐渐向左打方向

等右侧弧线到车头的左角时，稳住方向，让车的左角一直压着右侧弧线走

在行进的过程中还可以不时地看左侧弧线或右（左）后视镜，发现方向偏离时可略做调整。

右弯左侧弧线

前进到两弯交接处时，可以以左侧的弧线作为参照物，稳住方向继续转弯

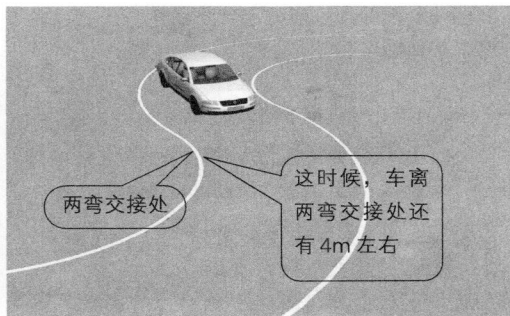

两弯交接处

这时候，车离两弯交接处还有4m左右

（2）变换方向：如下图所示。

此时车刚进右弯

左筋或刮水器上对应的点压住右弯左侧弧线时，开始向右打方向

（3）转右弯：如下列各图所示。

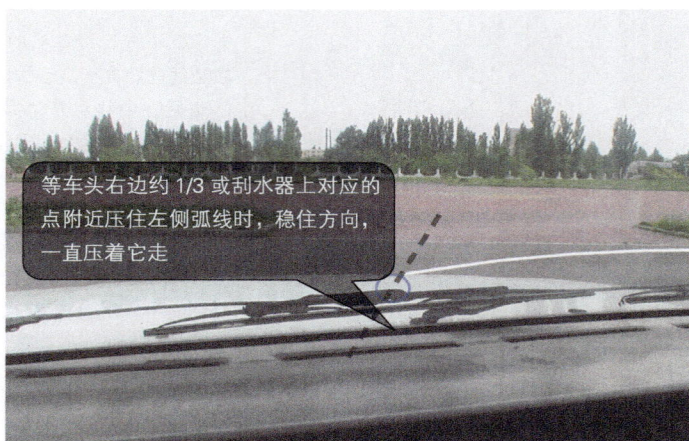

等车头右边约 1/3 或刮水器上对应的点附近压住左侧弧线时，稳住方向，一直压着它走

车右角走到弧线末端时，稳住方向继续前进

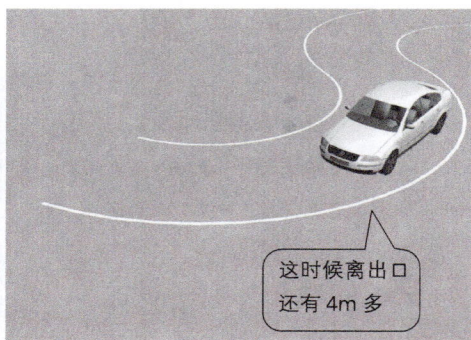

这时候离出口还有 4m 多

（4）驶出：如下图所示。

车身平行于出口前开始向左回方向

在弧线的末端进入盲区前，可以选路沿作为参照物。没有路沿的场地，可用目光在与出口平行的远处假想一条直线。也可通过略微转头用余光观察左侧来判断车体与出口是否平行。

回正方向时让车身刚好与出口平行，驶出即可

四 直角转弯考试训练

1. 考核目的是什么？

答：考核机动车驾驶人在急弯路段驾驶车辆时，正确操纵转向，准确判断车辆内、外轮差的能力。

2. 考场布局及评判标准是什么？

答：考场布局如下图所示。

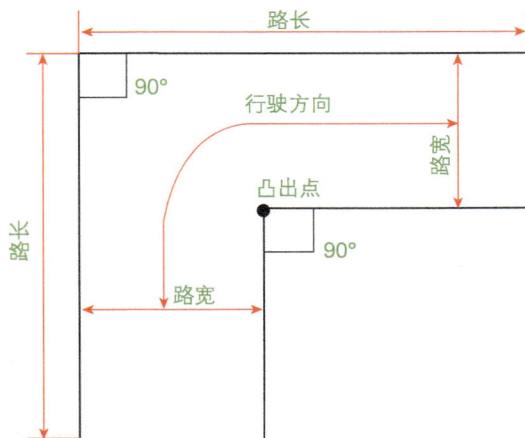

评判标准是：

◇ 中途停车，不合格。

◇ 车轮轧道路边缘线，不合格。

3. 操作要求是什么?

答: 机动车驾驶人驾驶车辆按规定的线路低速行驶，由左向右或者由右向左直角转弯，一次通过，中途不得停车。

4. 如何进行考试训练?

答: 考试训练方法如以下各图所示。

（1）左转过弯。参照点的选取不唯一。车辆在同一位置时，不同人或同一人不同姿势，看到的参照点的位置都有差别。驾驶姿势变化幅度过大，头部转动、前后左右移动范围过大时，参照点的位置都会发生很大的变化，此时如果依照正常驾驶姿势下看到的参照点位置判断车辆位置，就必然产生错误，空间狭小时还可能酿成事故。

第一步：紧贴右边线对准入口。

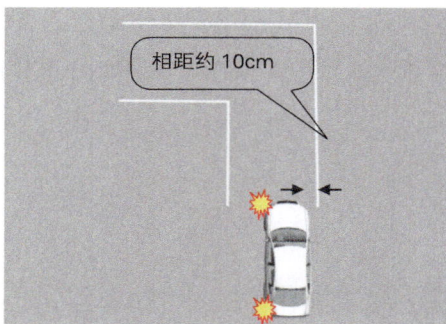

第二步：向左打满方向。

在车内看外直角边的位置，身高不同看到的位置也有差别

个高的人盲区短一些，在这个位置附近就应打方向

个矮的人盲区长一些，在这个位置附近再打方向

第三步：向右回方向。

左后轮驶过内直角点，车身即将平行于边线时，向右回方向

这时候车内看车头所处的位置

也可以看左窗下边和内直角边的夹角来判断车身的位置

第四步：回正方向驶出。

向右回正方向驶出即可

（2）右转过弯：如以下各图所示。

第一步：紧贴右边线对准入口。

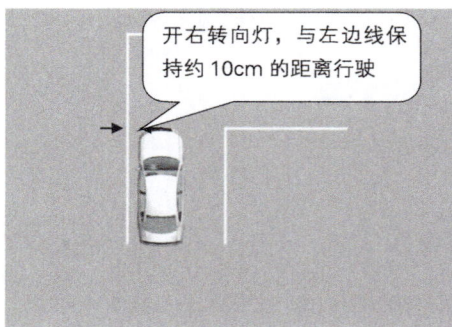

开右转向灯，与左边线保持约 10cm 的距离行驶

车内看左边线与车头交于左边筋左方约 5cm 处

左边筋

第二步：向右打满方向。

前保险杠与内直角边平齐时，立即向右打满方向

车内看车头刚刚遮住外直角边，身高的人提前一些，身矮的人稍微推迟一些

98

第三步：向左回方向。

右后轮驶过内直角点，车身即将与边线平行时，向左回方向

车内看外直角边和左窗底边的夹角

第四步：回正方向驶出。

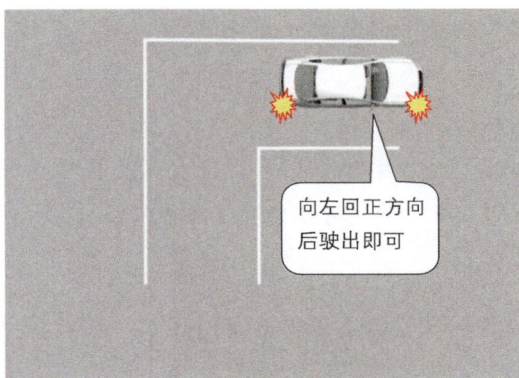

向左回正方向后驶出即可

五　倒车入库考试训练

1. 考核目的是什么？

答：考核驾驶人控制车辆倒车入位的操作技能。

2. 考场布局及评判标准是什么？

答：考场布局如下页图所示。虚线代表倒车路线，实线代表前进路线。其中红线代表右转倒入，前进左出；白线代表左转倒入，前进右出。

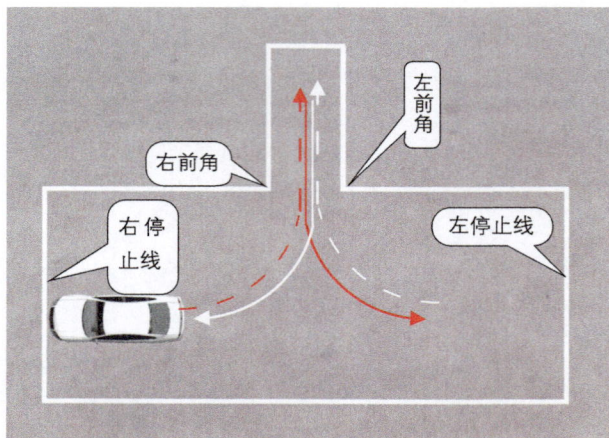

评判标准是：

◇ 不按规定路线顺序行驶，不合格。

◇ 没有完全倒入库内，不合格。

◇ 车身出线，不合格。

◇ 中途停车，不合格（过去考试学员可以在入库前停车，现在一旦 GPS 定位确定车辆处于完全停止的状态，学员将被直接判为不合格）。

3. 操作要求是什么？

答：从右起点右转倒入车位停正，前进出位开到左起点，见上图红色轨迹。左转倒入车位停正，前进出位开到右起点，见上图白色轨迹。整个过程车身不得出线。

说明：培养判断车辆四角空间位置的能力是防止实际驾驶中发生四角碰擦事故的重要途径。驾驶人可以在矿泉水瓶中装土或沙石并插上树枝制作简易桩杆，摆在车位四角，进行训练。

4. 如何进行考试训练？

答：考试训练方法如下面各图所示。

注意：后视镜中参照点的选取也不唯一。这里介绍利用后视镜看车位线倒车入位的方法。在起点，还可以结合向后转身回头看库边线与车右后窗或左后窗下边框相交的位置来判断车身的位置，从而确定转向的时机。

在后视镜中看参照点时更要注意，因为镜中的影像和地面对称于镜面，地面上离车越近的部分在后视镜中的影像越往下，看起来越大，而离车越远的部分在后视镜中的影像越往上，看起来越小，不要搞反了。

由于后视镜有盲区，初学者首先应当向下调整后视镜，以便能够看到后轮附近。有些车辆后视镜视野十分狭窄，这时候可以结合移动头部位置的方法来解决。许多车辆的后视镜视野宽阔，适当移动头部就可以了，不需要调整后视镜。车辆在同一位置时，在后视镜位置相同时，不同人或同一人不同姿势，从后视镜中所看到的参照点的位置也有差别。不同的后视镜也有些差别。如果驾驶姿势变化过大，头部转动、前后左右移动范围过大，则后视镜中参照点的位置也会发生很大变化，这就是虽然看到的参照点的位置一样，但是有时候成功，有时候却又失败的原因。所以驾驶过程中要注意保持与选择参照点时差不多的姿势驾驶。

在整个操作过程中，前进时挂 1 档，后退时挂倒档。可利用离合器半联动把车速控制在缓行状态。

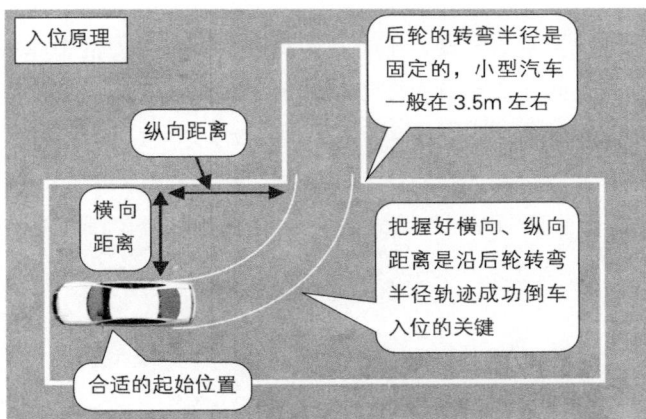

第一步：从右起点倒车入库。

首先向下调整左、右后视镜，调整到容易观察地面标线和车尾的位置。在起点，通过后视镜看清库边线的位置。在倒车过程中，以看右后视镜为主，并不时地看左后视镜，防止车身驶出库左边线。在实际驾驶过程中，左后视镜还可用来观察左侧的安全状况。在实际驾驶过程中还要不时地看车内后视镜，防止撞上后方的电线杆、树木、行人等。倒车时必须缓行，这样的话即使撞上了后方盲区里突然出现的看不见的物体，也可及时停住，从而避免产生严重后果。

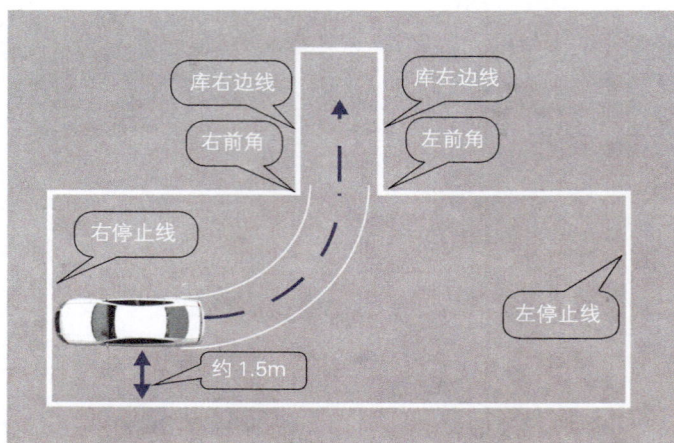

方向说明：上图按上北下南、左西右东标定方向；按面向南，即面向下的方向确定车位的左右。

操作步骤：挂倒档，使离合器处于半联动状态，看右后视镜中库右前角和库右边线的位置向右打满方向，在车身与库边线即将平行时向左回正方向，使车身平行于库边线并位于库中间后倒，距库底 20cm 左右时停车。

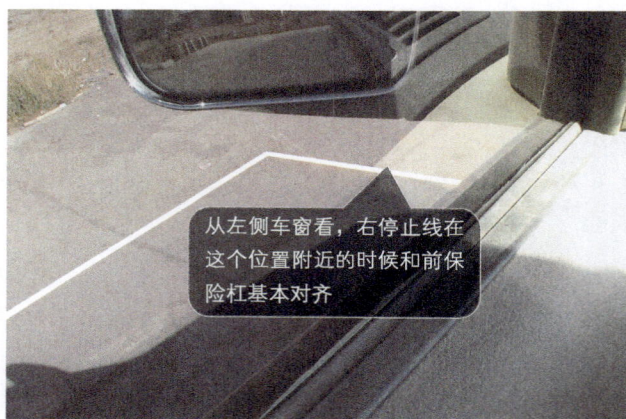

从左侧车窗看，右停止线在这个位置附近的时候和前保险杠基本对齐

右倒入位时看库右前角的位置，也就是选它为参照点。

库右前角

倒车，看右后视镜：当库右前角快下移到这样的位置附近时向右打满方向

因为车后的物体离车越近，影像在后视镜中就越往下，所以倒车时上方的影像，也就是远处物体的影像将向后视镜下框移动，进入后视镜盲区后，影像消失。倒车时，库边线在后视镜中的移动也是这样。

当库右前角快到图中的位置时，后轮与库右边线间的距离为4m左右，比后轮的转弯半径稍大一点，这时候向右打满方向，然后看着右后视镜略微调整车尾的位置，就可以顺利倒入库中。

注意：开始右转后退的一段时间里，在左后视镜中是看不到库左边线的，转过一定角度才能看到。

要诀：开始向右打方向时可慢一些。打方向宁早勿迟，打早了有修正方向的机会，打晚了将无法补救。打方向慢的人可再提前一些。在打满方向的过程中，若车尾右侧离库右前角过近或过远，可通过少打少回的方法修正方向。

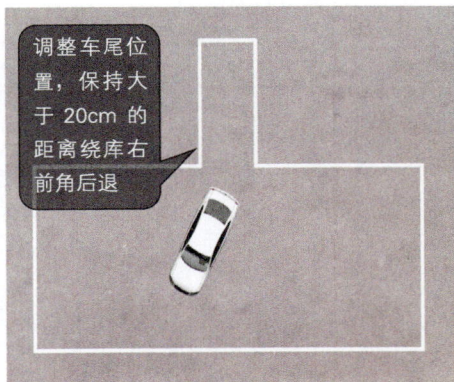

调整车尾位置，保持大于20cm的距离绕库右前角后退

车尾绕右前角后退，并保持大于20cm的距离，车位右前角进入右后视镜盲区后继续后退

大于20cm

车身和库边线快平行时向左回方向

车身和库边线即将平行向左回方向时在右后视镜中看到的影像

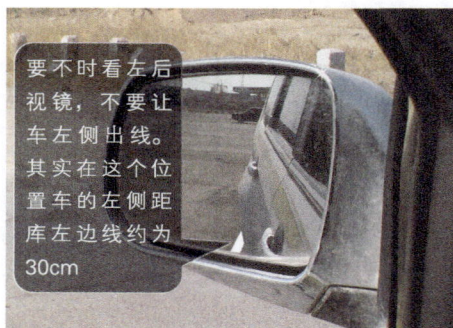

要不时看左后视镜，不要让车左侧出线。其实在这个位置车的左侧距库左边线约为 30cm

向左回方向的时机和幅度要把握好。回早了、回多了或二者皆有时，车尾左后角将驶出库左边线，车的右前角还有可能压库右边线。回晚了、回少了或二者皆有时，车尾右后角将压到库右边线，车的左前角还有可能压库左边线。

随车身右转库左边线在左后视镜中出现，此时可以通过交替看左、右后视镜判断车身是否平行于库边线且居中

回正后继续后倒

回正后继续后倒时在左后视镜中看到的影像

回正后继续后倒时在右后视镜中看到的影像

车身在库中平行于库边线且居中时在左、右后视镜中看到的影像是对称的

完美停车标准：车身平行于库边线且居中，车尾距库底约为20cm

在左后视镜中看到车尾距库底约20cm时停车

右后视镜中看到的影像与此类似

第二步：出库开到左起点。

操作步骤：挂1档，以离合器半联动状态起步，车头遮住7m线附近时，向左打满方向，车身快与左侧边线平行时，向右回正方向，车头与左停止线对齐时停车。

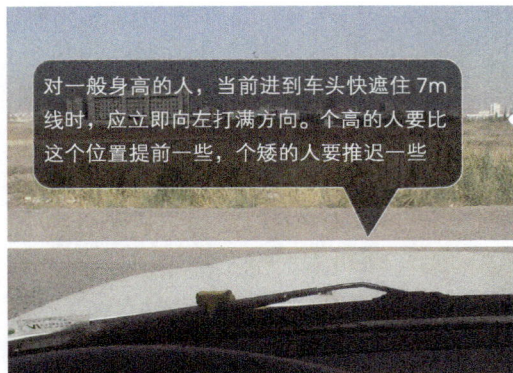

对一般身高的人，当前进到车头快遮住7m线时，应立即向左打满方向。个高的人要比这个位置提前一些，个矮的人要推迟一些

在出位的过程中要注意看左后视镜，不要让左后轮轧库左前角。若有可能轧住，则应通过少打少回的方法纠正方向。

当车前进到快与左侧边线平行时，逐渐向右回正方向

当车前进到快与左侧边线平行时，车内看到的左侧边线位置

车身与左侧边线平行后前行到车头与左停止线对齐时停车

车身与左侧边线平行，车头与左停止线对齐时，车内看到的两线的位置

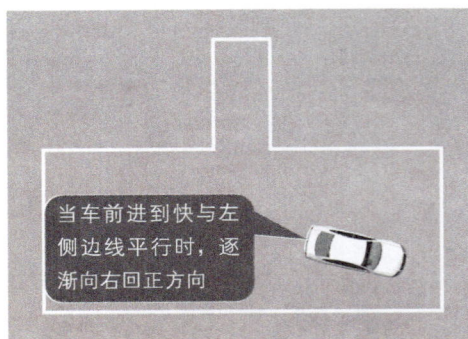

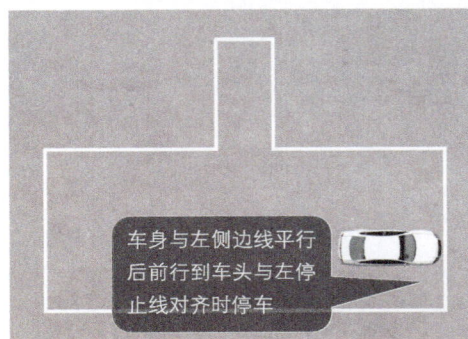

第三步：从左起点倒车入库。

左倒入库时看库左前角的位置，也就是选它为参照点。

方法与右倒入库一样，只是以看左后视镜为主，并不时看右后视镜，防止车身出库右边线。

操作步骤：挂倒档，使离合器处于半联动状态，看库边线的位置向左打满方向，当车身与库边线即将平行时向右回正方向，使车身平行于库边线并位于库中间后倒，距库底 20cm 左右时停车。

库左前角

倒车，看左后视镜：当库左前角快下移到这样的位置附近时向左打满方向

库左前角进入左后视镜盲区，继续保持大于 20cm 的距离后退

大于 20cm

注意： 在开始左转后退的一段时间里，在右后视镜中是看不到库右边线的，转过一定角度才能看到。

在左后视镜中看到车身和库左边线快平行时向右回方向

回正后继续后倒

回正后继续后倒时在右后视镜中看到的影像，与左后视镜对称

在左后视镜中看到车尾距库底约20cm 时停车

第四步：出库开到右起点。

操作步骤：挂1档，以离合器半联动状态起步，车头遮住7m线附近时，向右打满方向，车身快与左侧边线平行时，向左回正方向，车头与右停止线对齐时停车。

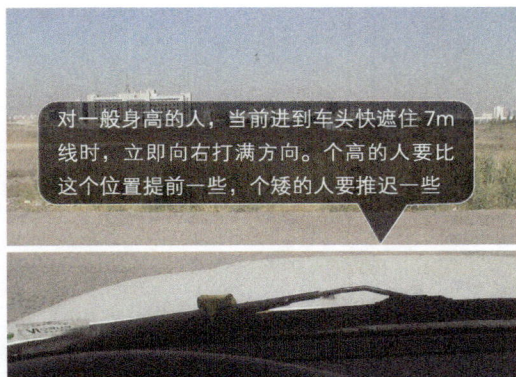

对一般身高的人，当前进到车头快遮住7m线时，立即向右打满方向。个高的人要比这个位置提前一些，个矮的人要推迟一些

在出库的过程中要注意看右后视镜，不要让右后轮轧住库右前角，若有可能轧住，则应通过少打少回的方法纠正方向。

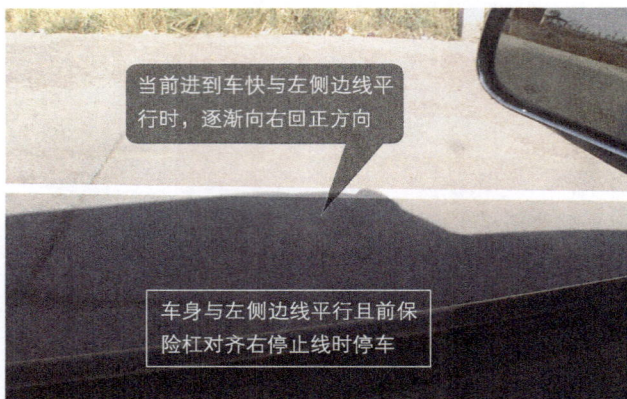

当前进到车快与左侧边线平行时，逐渐向右回正方向

车身与左侧边线平行且前保险杠对齐右停止线时停车

六 窄路掉头训练（实用技能训练）

1. 窄路掉头训练的目的是什么？

答：在实际驾驶中经常需要在胡同、乡村等地方的狭窄道路上掉头。

在狭窄公路上掉头时，使车轮既靠近路边又不驶出路面是减少进退次数的关键。对于一般小型车辆来说，在双车道公路上两进一退就可以完成掉头，而在过窄的路上需要三进两退或更多次的进、退才能完成。下面是在 6m 宽的窄路上三进两退掉头的例子。

2. 操作要求是什么？

答：通过三进两退完成掉头，掉头过程中不得出边线。

3. 怎样进行训练？

答：训练方法如下面各图所示。

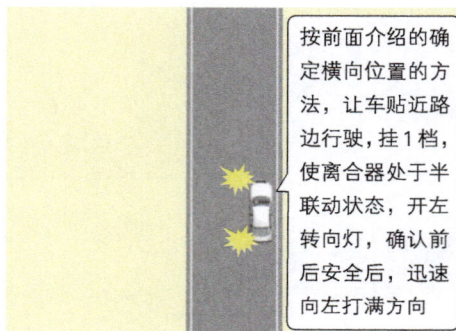

按前面介绍的确定横向位置的方法，让车贴近路边行驶，挂1档，使离合器处于半联动状态，开左转向灯，确认前后安全后，迅速向左打满方向

一进

左前轮接近路沿时迅速向右回方向，尽量多回

为了防止车辆驶出路面，车头离路沿较远时就应将右脚置于制动踏板上，不要踩

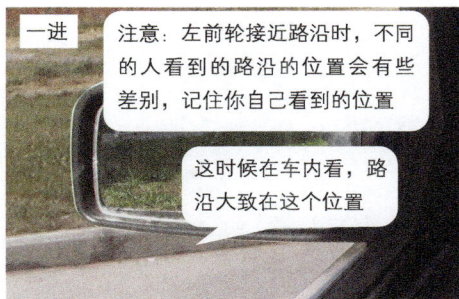

一进

注意：左前轮接近路沿时，不同的人看到的路沿的位置会有些差别，记住你自己看到的位置

这时候在车内看，路沿大致在这个位置

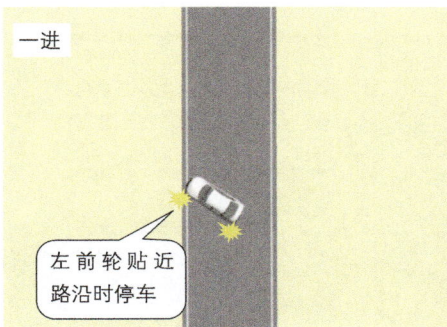

一进

左前轮贴近路沿时停车

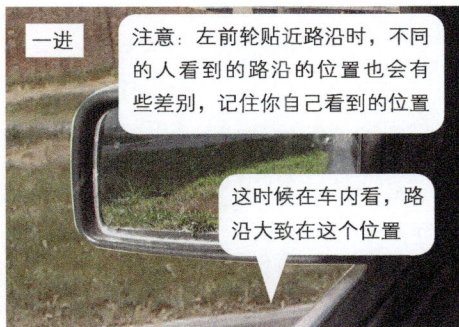

一进

注意：左前轮贴近路沿时，不同的人看到的路沿的位置也会有些差别，记住你自己看到的位置

这时候在车内看，路沿大致在这个位置

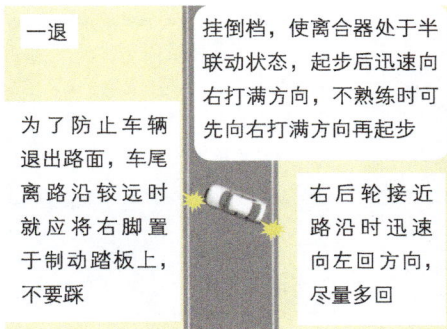

一退

为了防止车辆退出路面，车尾离路沿较远时就应将右脚置于制动踏板上，不要踩

挂倒档，使离合器处于半联动状态，起步后迅速向右打满方向，不熟练时可先向右打满方向再起步

右后轮接近路沿时迅速向左回方向，尽量多回

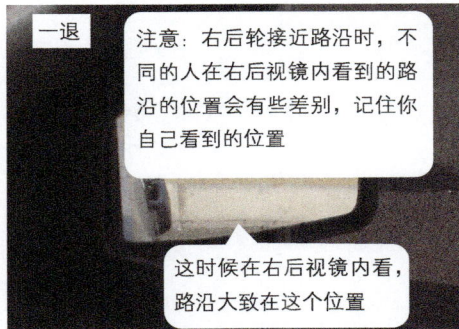

一退

注意：右后轮接近路沿时，不同的人在右后视镜内看到的路沿的位置会有些差别，记住你自己看到的位置

这时候在右后视镜内看，路沿大致在这个位置

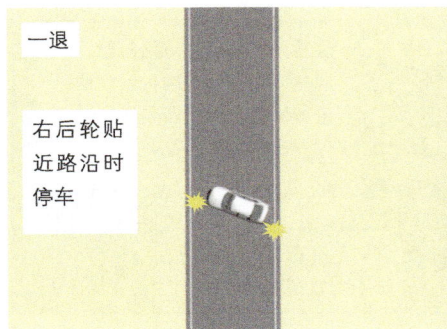

一退

右后轮贴近路沿时停车

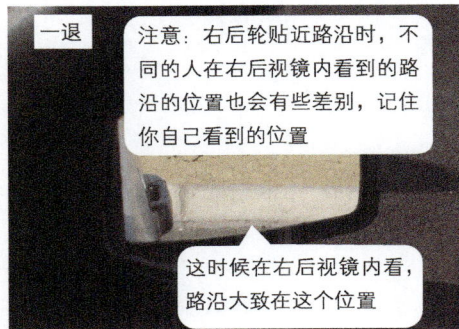

一退

注意：右后轮贴近路沿时，不同的人在右后视镜内看到的路沿的位置也会有些差别，记住你自己看到的位置

这时候在右后视镜内看，路沿大致在这个位置

109

二进

挂1档，使离合器处于半联动状态，确认道路左右安全后，迅速向左打满方向，右前轮接近路沿时迅速向右回方向

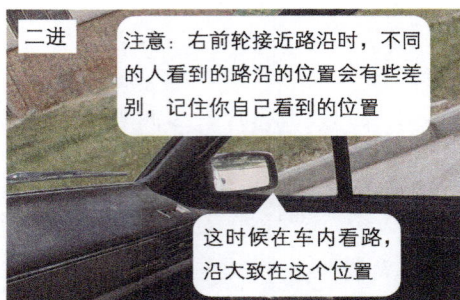

二进

注意：右前轮接近路沿时，不同的人看到的路沿的位置会有些差别，记住你自己看到的位置

这时候在车内看路，沿大致在这个位置

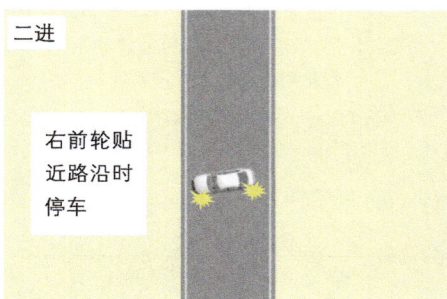

二进

右前轮贴近路沿时停车

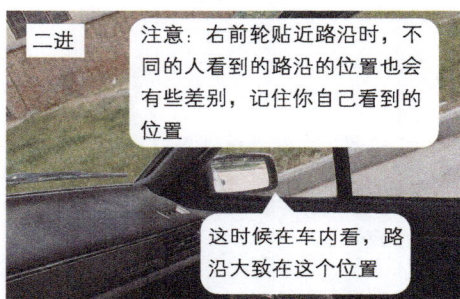

二进

注意：右前轮贴近路沿时，不同的人看到的路沿的位置也会有些差别，记住你自己看到的位置

这时候在车内看，路沿大致在这个位置

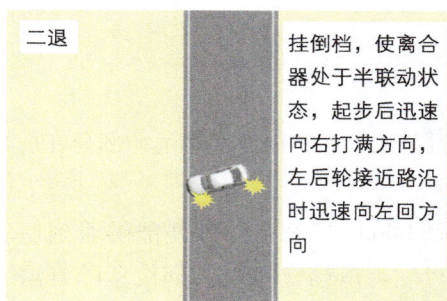

二退

挂倒档，使离合器处于半联动状态，起步后迅速向右打满方向，左后轮接近路沿时迅速向左回方向

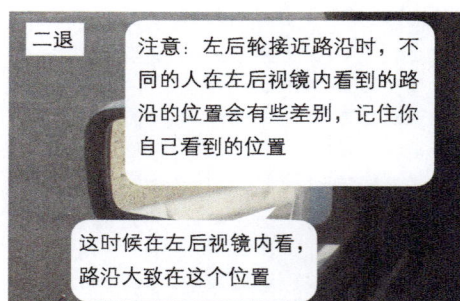

二退

注意：左后轮接近路沿时，不同的人在左后视镜内看到的路沿的位置会有些差别，记住你自己看到的位置

这时候在左后视镜内看，路沿大致在这个位置

二退

左后轮贴近路沿时停车

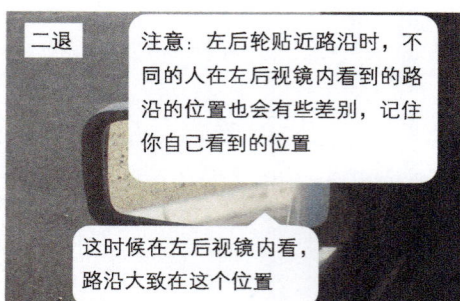

二退

注意：左后轮贴近路沿时，不同的人在左后视镜内看到的路沿的位置也会有些差别，记住你自己看到的位置

这时候在左后视镜内看，路沿大致在这个位置

三进

挂1档，使离合器处于半联动状态，起步后迅速向左适当打方向

三进

回正方向即完成掉头，最后关闭左转向灯

七 高速公路驾驶训练（实用技能训练）

1. 高速公路有什么特点？

答：（1）全封闭。

全封闭

（2）标志、标线明显且完备。

车距确认标志

出口标志

中心标线

指示标线

出口标线清晰齐全

匝道有限速标志

（3）基本都有收费站。

收费站

112

（4）还有交通信息牌、监控测速设备。

2. 高速公路上有哪些行驶特性?

答：速度快，车道规定明确。

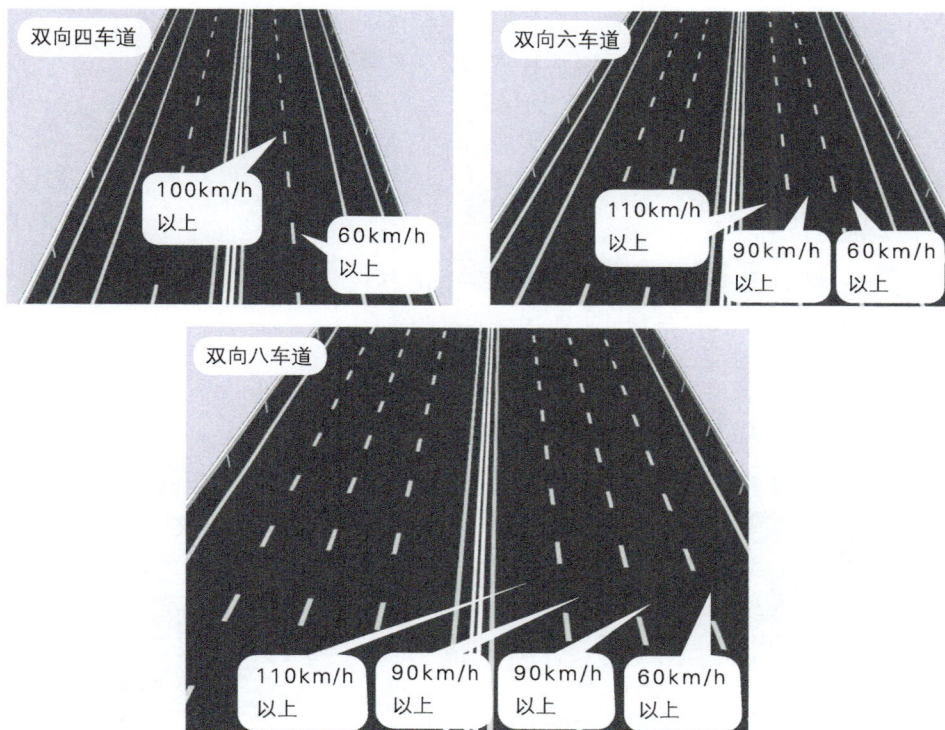

双向四车道
100km/h 以上
60km/h 以上

双向六车道
110km/h 以上
90km/h 以上
60km/h 以上

双向八车道
110km/h 以上
90km/h 以上
90km/h 以上
60km/h 以上

3. 上高速路前需要做哪些准备？

答：检查机油、冷却液、制动液、助力液是否正常；加满燃油；检查轮胎有无裂纹，是否夹有异物，胎压是否正常，不正常时要按说书上的要求给轮胎充气。

要带上灭火器和常用随车工具等，有条件的话，还可以带上医务包。

4. 怎样安全驶入高速公路？

答：安全驶入高速公路的方法如下面各图所示。

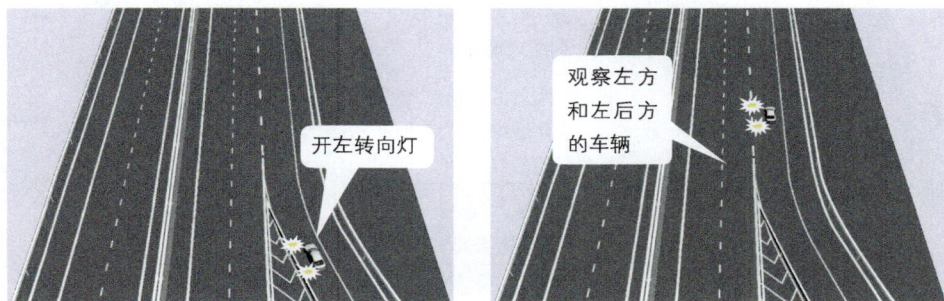

开左转向灯

观察左方和左后方的车辆

在加速车道上提速到60km/h以上，确认安全后，逐渐向左转向，并入行车道

最后关闭左转向灯

5. 怎样在高速公路行车道上行驶？

答：行驶方法如下面各图所示。

在行车道内一定要按规定行驶

根据车距确认标志判断跟车距离

进收费站时要进绿灯亮的车道，红灯亮的车道没有工作，不能通行。

6. 怎样安全驶离高速公路？

答：安全驶离高速公路的方法如下面各图所示，要按路边的驶出标志驶出。

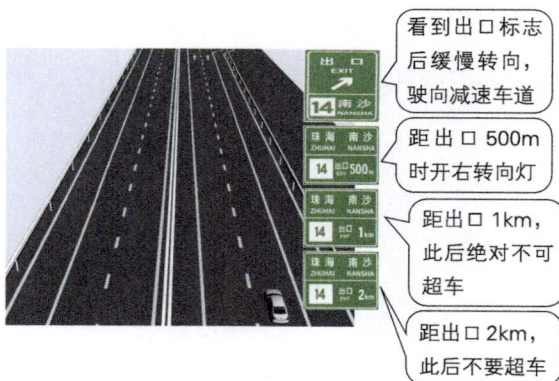

看到出口标志后缓慢转向，驶向减速车道

距出口500m时开右转向灯

距出口1km，此后绝对不可超车

距出口2km，此后不要超车

看到出口500m标志后开右转向灯

八 复杂条件驾驶与紧急情况处置模拟训练（实用技能训练）

连续急弯山区路、隧道、雨（雾）天、湿滑路等情况以及紧急情况的处置，不论大小车驾驶人迟早都会遇到或有遇到的可能性，而且这些项目已经被列为大型车辆的模拟考试项目。因此，本书对这些情况下的驾驶技能也都进行介绍，以便为今后取得驾驶资格后上路驾驶打下一定的基础。

1. 连续急弯山区路如何驾驶？

答：山区道路上坡多、弯多、拐弯处山体形成的盲区多，天气变化无常，在确保安全的情况下，尽量选择远离水边或悬崖的车道。拐弯前减速、鸣喇叭、靠右行驶，充分准备好随车工具和防雨、防寒、防滑物品等。

如果能看清楚来车，对于短坡可采用提前加速的方法冲上去，看不到对面情况时要鸣喇叭，接近坡顶时松加速踏板，不要踩下离合器踏板，以便控制车速（自动档汽车靠节气门控制即可），在碰到对面有进入本车道的逆行车辆时能够及时处置。

115

靠右行驶，在平路上加速，但时速一般不要超过 50km/h

上坡时松加速踏板，靠惯性冲上去

速度慢时可适当踩加速踏板。注意看前方

在上长陡坡前，要提前减档，否则可能无法上坡。上坡时要视坡度的大小提前减入能够保持充足动力的低级档位。换档后发动机转速能保持在 2000r/min 左右，声音轻快，说明换入的档位是合适的。

若感到动力不足，要立即减档，档位要准、动作要快

下坡时在速度不太快时就要踩制动踏板

靠右行驶，提前换入合适的低档

接近坡顶时要慢行，随时准备停车，注意观察，以免与视线盲区里可能出现的车辆相撞

过陡坡

上坡时要适当加大跟车距离

如果上短陡坡，要注意看前车的情况，若前车速度过慢，可等前车上去之后再上坡

116

下长坡时必须低档行驶，不能长时间制动，以免高温引起制动器制动性能下降甚至失灵。换档后完全松掉加速踏板，如果速度不再加快，说明档位合适，如果速度继续加快，应适当踩制动踏板，速度降下来以后再减一档，直到完全松掉加速踏板后速度不再加快为止，这时候就可以完全依靠发动机的制动作用控制车速了。对

于过陡的坡，若减到最低档速度还加快，此时只能配合间断踩制动踏板的方法来控制车速，不可连续踩制动踏板。速度快到一定程度时，踩一下制动踏板，等到车速慢下来后松掉，重复这种过程，就可以达到有效控制车速而制动器又不会过热的目的，到急弯处就会从容不迫了。

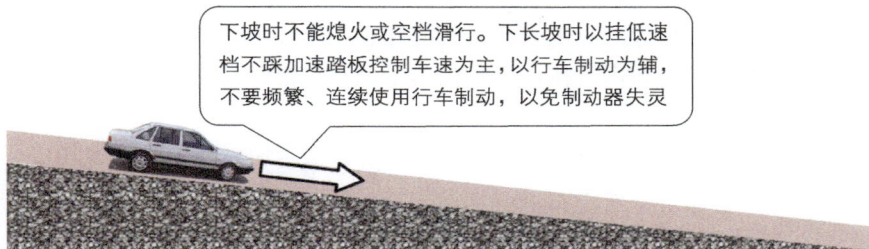

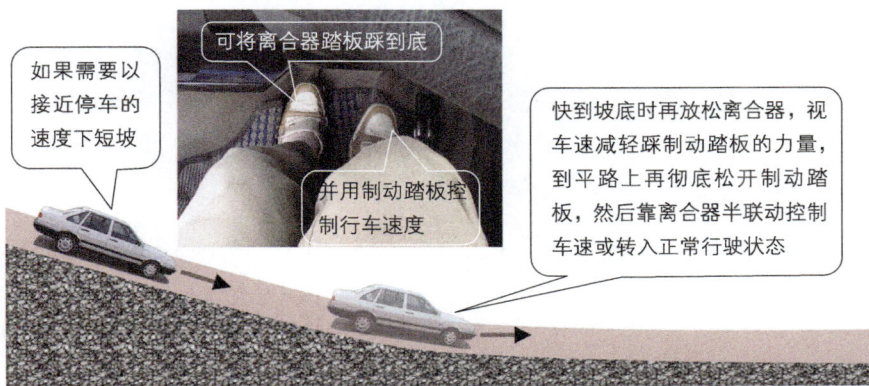

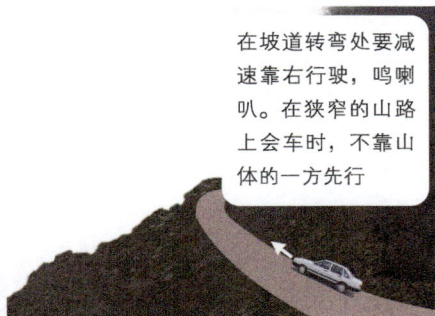

下坡时要保持更大的跟车距离

下坡时不能熄火或空档滑行。下长坡时以挂低速档不踩加速踏板控制车速为主，以行车制动为辅，不要频繁、连续使用行车制动，以免制动器失灵

可将离合器踏板踩到底

如果需要以接近停车的速度下短坡

并用制动踏板控制行车速度

快到坡底时再放松离合器，视车速减轻踩制动踏板的力量，到平路上再彻底松开制动踏板，然后靠离合器半联动控制车速或转入正常行驶状态

在坡道转弯处要减速靠右行驶，鸣喇叭。在狭窄的山路上会车时，不靠山体的一方先行

对于山坡弯道，在进入弯道尤其是急弯前必须提前降速到适合转弯的速度，速度过快会导致冲入对方车道、翻车甚至坠入山谷的严重后果。要避免转弯时换档。

2. 如何进行隧道驾驶？

答：驾驶方法如下面各图所示。

通过长隧道时应当在进入隧道前开启示宽灯或近光灯。

在有信号灯控制的隧道内要按信号灯的指示通行，绿灯行，红灯停。通过隧道时必须减速。

对于单向隧道，当对向来车正在进入隧道，或正在通过隧道时，应停在隧道外等候，等其通过并确认安全后再进入。

通过双向隧道时要在本车道内偏右行驶，不得使用远光灯，尽量避免使用喇叭，以免回声引起更大的噪声。

隧道出口处可能有较大的横风，会使转向盘产生一定程度的失控。处理方法：握紧转向盘，柔和纠正方向，切忌猛打猛回，否则会产生方向严重偏离的结果，可能引发事故。

3. 雨天怎样驾驶？

答：首先介绍一下刮水器开关的使用方法。下面是一种安装在转向盘右侧的组合刮水器开关的操作说明。

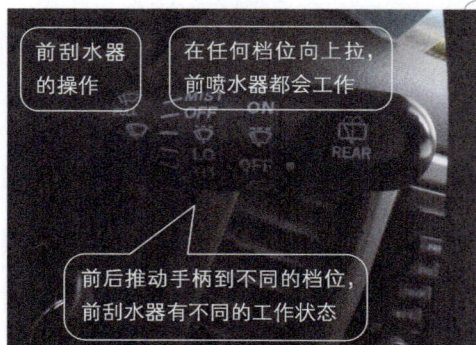

前刮水器的操作

在任何档位向上拉，前喷水器都会工作

前后推动手柄到不同的档位，前刮水器有不同的工作状态

MIST 档位：向前推一下工作一次。

OFF 是关闭位置，向上拉前喷水器，刮水器工作一次停止。

间歇工作位置，每隔一段时间工作一次。

LO 档位：向后拉到这个档位，进入连续慢速工作状态。

HI 档位：向后拉到这个档位，进入连续快速工作状态。

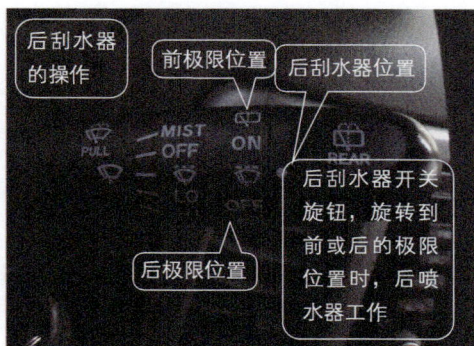

在恶劣条件下驾驶时除了控制好车速外，要更加仔细地观察交通流并由此预测下一时刻交通流的状态，从而从容不迫地进行下一步操作。

行驶前必须检查刮水器是否能正常工作。刮水器不能正常工作时，雨水覆盖在前风窗玻璃上将导致无法看清道路交通状况，很危险，应在修好之后再上路。

雨天路面湿滑，应比平常行车速度要慢，积水越厚速度要越慢，要平缓打方向、平缓使用制动踏板，以发动机控制车速为主，要适时减档，不要猛踩猛松加速踏板。雨天要适当增大跟车距离，暴雨时应停车。

雨天行人和非机动车驾驶人因使用雨具，视线受阻，雨水使机动车驾驶人观察交通状况变得更加困难，为了躲避积水，行人可能突然蹿到机动车道上，所以雨天必须减速行驶，机动车驾驶人要更加仔细地观察他们的动向。

连续阴雨天要注意观察路面，以防陷车、坍塌，不要在可能陷车、坍塌的地方行驶、停车。

刚下雨路面有薄积水时，高速行驶会形成水膜，导致侧滑。发生侧滑时的处理方法：

（1）松加速踏板，视侧滑减弱的程度，可适度配合轻踩制动踏板。

（2）如果前轮侧滑，应逆着侧滑的一侧纠正方向；如果后轮侧滑，应顺着侧滑的一侧纠正方向；转向时动作要敏捷柔和，不可猛打猛回，以免造成更严重的后果。

因为雨天行车时需要关闭车窗，内外温差使前风窗玻璃很容易产生雾气，此时应打开冷气吹向前风窗玻璃；后风窗玻璃出现雾气时，需打开后风窗玻璃加热器，尽快消除雾气。

4. 雾天怎样驾驶？

答：雾天驾驶如下面各图所示。

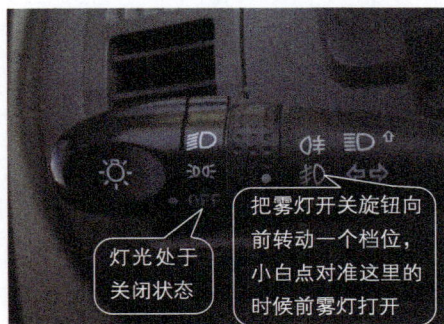

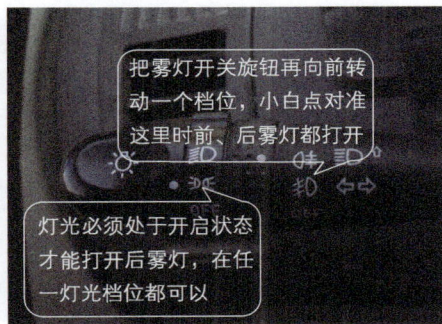

雾天应打开前雾灯、尾灯、示宽灯和近光灯；必须降低车速，能见度越低车速应越低；在非禁止鸣喇叭路段，可适当鸣喇叭，并注意鸣短促喇叭回应其他车辆；视线不清时更要保持在自己的车道内行驶，不要变更车道，不能压线行驶，以免发生碰撞。能见度不足 50m 时同时开启后雾灯，必须保持能够安全停车的车距；能见度在 10m 左右时，车速应控制在 5km/h 左右；能见度在 30m 以下时，车速应控制在 20km/h 左右；能见度大于 50m 时，车速应控制在 40km/h 左右；能见度大于 100m 时，车速应控制在 60km/h 左右；能见度大于 200m 时，车速应控制在 80km/h 左右。注意：雾天不要以前车尾灯作为判断车距的依据，因为折射现象能使实际距离"变远"。特大雾时必须找安全的地方停车。

5. 光滑路面（冰雪路）如何驾驶？

答：驾驶方法如下面各图所示。

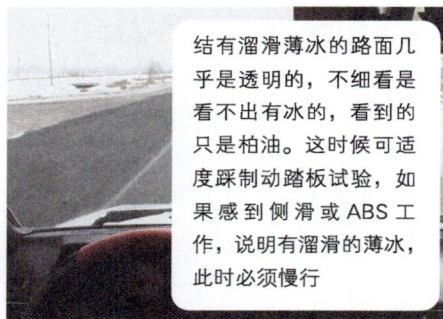

轧实的雪路、冰路十分光滑，要慢行

结有溜滑薄冰的路面几乎是透明的，不细看是看不出有冰的，看到的只是柏油。这时候可适度踩制动踏板试验，如果感到侧滑或 ABS 工作，说明有溜滑的薄冰，此时必须慢行

冰雪路驾驶四大要领：

（1）保持低速行驶，保证足够的纵向、横向安全距离。

（2）匀速缓慢打方向。

（3）匀速缓踏缓松加速踏板。

（4）匀速轻踩慢松制动踏板，即使有 ABS 的车辆也不要猛踩制动踏板，尤其是在转弯时。在轧实的雪路上沿直线高速行驶时猛踩制动踏板，尽管不会发生大的侧滑，但是车辆仍会发生左右摆动现象。在溜滑的冰路上，ABS、防侧滑系统几乎没有什么作用，猛踩制动踏板照样会导致侧滑、驶出路面现象。此时必须低速转弯，因为 ABS、防侧滑系统应付不了溜滑的弯路。

注意事项：

（1）在冰雪路上，要选择路面宽、积雪少的地段会车，尽量避免在狭窄路段会车，尽量不超车。

（2）停车时，缓慢轻踩制动踏板，防止甩尾、掉头。

（3）加大跟车距离。跟车距离要比正常路面上加大3倍以上，对于短坡，应等前车爬过坡顶再爬坡，即使有ABS的车辆也应如此。

（4）冰雪天还要特别注意：行人、非机动车驾驶人因穿戴的影响，对交通状况的判断力下降，行人、自行车还可能突然滑倒，因此更要仔细观察，保持足够的纵向、横向安全距离。

6. 紧急情况下怎样驾驶?

答：紧急情况下驾驶的处理原则：

冷静判断，果断处置。

避重就轻，先人后物。

能够轻易躲避或者速度比较低的时候可先调整方向，后制动；难以躲避或者速度比较快的时候应先制动，后调整方向。

高速行驶的时候，没有ABS的车辆要用点制动降低速度，有ABS的车辆要一脚把制动踏板踩到底。速度降低后再打方向，以免翻车。

紧急情况及其处置操作：通过狭窄的胡同路口，或者有建筑物、施工围墙遮挡等路段时，可能突然出现行人、自行车、电动车等其他交通参与者，很容易发生事故。所以在这样的路段驾驶首先应把车速降低到可以随时停车的程度，快要通过时把脚放在制动踏板上，让车辆靠惯性前进，等进入路口确认安全后，再把脚放在加速踏板上，加速继续正常行驶。

如果眼前突然出现无法预料或者无法观察到的紧急情况，应做以下处理：握稳转向盘，迅速把制动踏板踩到底，同时快速观察前方，扫视左右后视镜，寻找安全的空隙，到那里躲避。没有ABS的车辆可能会抱死，发生侧滑，此时应松开一点制动踏板，侧滑消失后，继续打方向躲避，接着再次将制动踏板踩到底，再松开一点制动踏板，重复这个过程直到安全停车。

遇到紧急情况时，紧急制动的方法如下图所示。

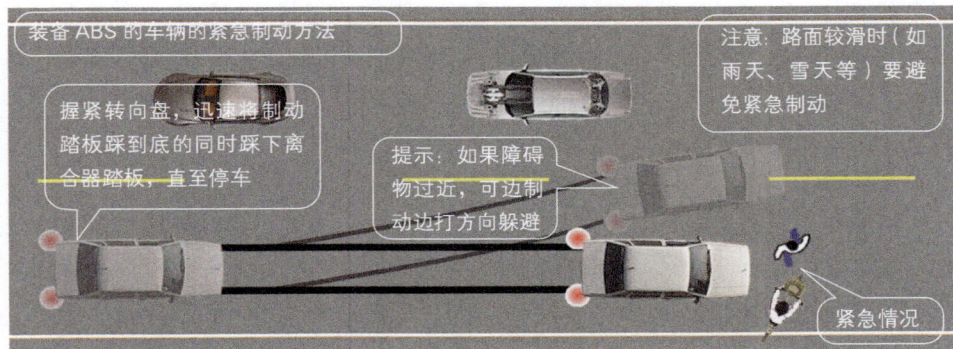

装备ABS的车辆的紧急制动方法

注意：路面较滑时（如雨天、雪天等）要避免紧急制动

握紧转向盘，迅速将制动踏板踩到底的同时踩下离合器踏板，直至停车

提示：如果障碍物过近，可边制动边打方向躲避

紧急情况

没有装备 ABS 的车辆在中低速行驶时的紧急制动方法与装备 ABS 的车辆类似，即使一脚将制动踏板踩到底也不会发生侧滑，但在高速行驶时会发生侧滑，应采用下面的方法制动：

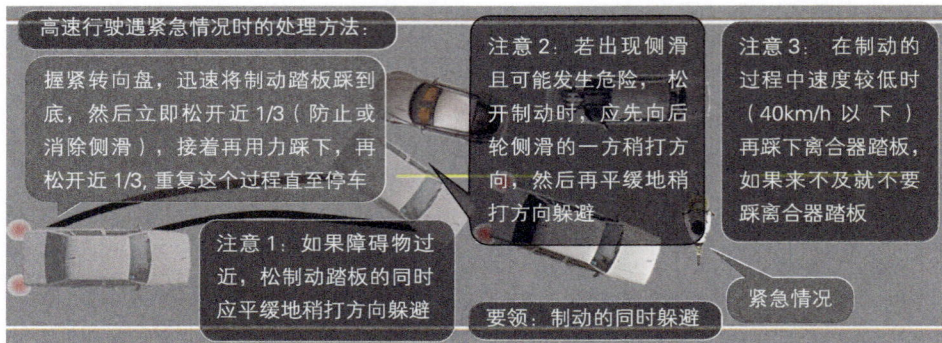

高速行驶遇紧急情况时的处理方法：

握紧转向盘，迅速将制动踏板踩到底，然后立即松开近 1/3（防止或消除侧滑），接着再用力踩下，再松开近 1/3，重复这个过程直至停车

注意 2：若出现侧滑且可能发生危险，松开制动时，应先向后轮侧滑的一方稍打方向，然后再平缓地稍打方向躲避

注意 3：在制动的过程中速度较低时（40km/h 以下）再踩下离合器踏板，如果来不及就不要踩离合器踏板

注意 1：如果障碍物过近，松制动踏板的同时应平缓地稍打方向躲避

要领：制动的同时躲避

紧急情况

7. 怎样进行突发故障应急驾驶？

答：车辆维护保养差引起的故障、不正确的操作、超载等都是引发爆胎、制动性能下降或失效、转向失控的重要因素。为了避免这些情况的发生，按厂家要求在服务点做好维护保养是至关重要的。超载导致的重大事故屡见不鲜，要牢记这些教训，不可为面子而超载。

（1）爆胎的预防与爆胎后的驾驶。按厂家规定的值充气是各种使用条件下充分发挥轮胎性能的最佳保证，同时可确保行车的安全与舒适并避免不正常的磨损。驾驶中要避开地面上的尖锐物体，必要时下车排除，可最大限度地防止爆胎。

爆胎的紧急处置方法：万一遇到爆胎的情况，一定不要慌张，处理问题要果断。如果汽车后胎爆胎后，汽车仅仅是上下颤动，汽车转向盘还可以控制得住，汽车倾斜得也不厉害，只要松抬加速踏板，减档慢慢将车停下来就行了。若前轮爆胎，不仅汽车会颤动，发生倾斜，而且转向盘也会突然被一股巨大的力量拉向爆胎的那一边，比较危险，因此，在高速行驶中，如果发生爆胎，尤其是前轮发生爆胎，绝对不能先踩制动踏板，而要用双手紧握转向盘，尽量控制前进方向，并慢松加速踏板让汽车减速，速度降低后，若单手能控制住方向，争取抢挂低速档，越级减档也可，控制不住就轻点制动踏板，在单手能控制住方向后再抢挂低速档或空档，等到车速完全降下来以后，操作转向盘把车停在路边安全的地方，更换轮胎。

上高速公路行驶之前要仔细检查轮胎气压是否符合要求，并做好应付发生意外情况的心理准备。平时就要养成时时刻刻抓好转向盘的习惯，时时刻刻提高警惕，这样才能在发生爆胎的关键时刻沉着冷静，较好地控制好方向，化险为夷。

爆胎后立即抢档的方法不可取，因为此时全力以赴地控制方向十分困难，抢档操作更是难以进行，应在速度降低后再抢档。如果实在应付不了，速度降低后踩下离合器踏板也可，速度进一步降低时再缓踩制动踏板靠边停车。

体验方法：在空旷安全的地方，将某个前轮轮胎的气放掉一部分，可在一定程度上模拟爆胎的停车操作过程。

（2）制动失灵的预防与紧急处置

① 制动失灵的预防：加强定期维护，规范出车前的检查。出车前，驾驶人应当按照程序检查制动效能是否正常，例如，注意检查制动管路有无滴漏现象，如果发现制动踏板的行程异常或制动效能骤减，要及时送修。

在车辆在下长坡、陡坡时，无论有无情况，都应该踩一下制动踏板，既可以检验制动性能，也可以提前发现可能出现的制动失灵现象，从而赢得更多控制车速的时间，把事故消灭在萌芽状态。

下长坡时，长时间制动会因制动器过热导致制动失效。因此在下长坡时，驾驶人应充分利用发动机制动控制车速，在频繁使用制动器后，应选择安全地段，猛踩制动踏板试验制动效能，若发现异常，应慢慢开到修理厂维修。

② 制动失灵的紧急处置方法：根据路况和车速控制好方向，换入低速档，利用发动机的牵引阻力使车速迅速降低。对于有独立驻车制动系统的车辆，可将拉驻车制动器和减档配合使用。可用右手在按下驻车制动器按钮的同时适当拉驻车制动器手柄，车辆若有侧滑现象，可以把手柄向下放松一些，在速度降低后再减档，重复这个过程，直到安全停车。需要注意的是，不能拉紧不放，如果拉得太紧，容易使制动盘"抱死"，很可能损坏传动机件而丧失制动能力；如果拉得太慢，会使制动盘磨损烧蚀而失去制动作用。

如果在下坡时制动失灵，不能利用车辆本身的机件控制车速，或者情况太紧急，实在来不及操作，可利用车的保险杠、车厢等刚性部位与路边的天然障碍物（如大树，山体等）摩擦、碰撞，从而达到停车脱险，避免更大损的目的。

如果在上坡时出现制动失灵，应适时减入中低档，保持足够的动力驶上坡顶停车。若需半坡停车，应保持前进低档位，拉紧驻车制动器，随车人员及时用石块、垫木等物卡住车轮。若有后滑现象，车尾应朝向山坡或安全的一面，并打开前照灯和紧急信号灯，引起过往车辆的注意。

体验方法：在空旷安全的地方不使用制动，模拟制动失灵时的停车操作过程。

（3）转向装置失灵的预防与紧急处置

① 转向失控和失灵时的预防。只要严格执行车辆的维护保养，转向失控和失灵是可以预防的。

驾驶人应当定期对车辆的转向系统进行维护，出车前进行安全检查，确保转向系统各部件安全可靠。例如，出车前注意检查转向盘的自由间隙是否过大，各连接机构是否松动等，防止转向失控和转向失灵的发生。

② 转向突然失控的应急驾驶方法：充分利用驻车制动和行车制动，避免紧急制动。

若汽车仍能保持直线行驶状态，前方道路情况也允许保持直线行驶，则不必采取紧急制动，应踩下离合器踏板，轻轻拉驻车制动器，随速度的降低逐渐加重，最后踩制动踏板，让车缓慢平稳地停下来，打开危险报警闪光灯，开前照灯。

如果继续直线行驶的距离比较短，则应立即松抬加速踏板，换入低档，拇指按住驻车制动器按钮，均匀而有力地拉驻车制动器，当车速明显降低时，逐渐踩下制动踏板，踩下离合器，尽快使车辆逐渐停住，打开危险报警闪光灯，开前照灯。

如果汽车偏离直线行驶方向，事故已经无法避免，则应果断地连续踩踏制动踏板，使汽车尽快减速停车，以缩短停车距离，减轻撞车的力度。

对于装有动力转向和动力制动的汽车，若突然发现转向很困难，或者踏下制动踏板制动效果不好，则原因是动力部件有了故障。若此时还可以实现转向和制动，但操作很费力，则应谨慎驾驶，低速前进，将车辆停到适当的地点修理或打救援电话求救。

体验方法：在空旷安全的地方双手离开转向盘，用左手抓住一个固定的地方（如车门把手、转向盘管柱、座椅等），模拟转向盘失灵状态下的紧急处置操作。

一 上车需要做哪些准备工作?

答：需要做好下面各图所示的准备工作。

（1）绕车一周检查车辆外观及安全状况。

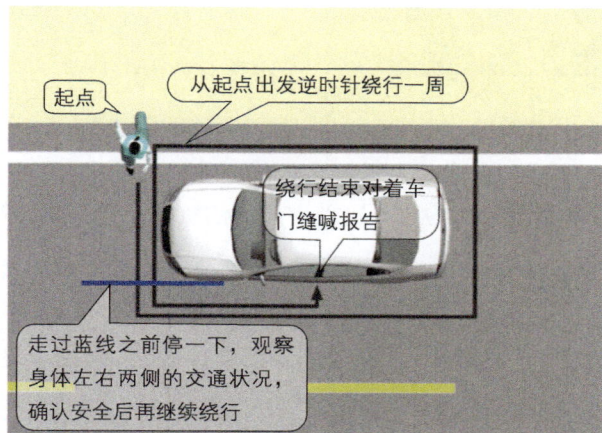

实际驾驶中要检查以下项目：

① 目测胎压是否正常。

凸出严重

完全绷直

② 判断是否需更换轮胎，检查车窗玻璃的清洁状况，查看车底是否有障碍物。

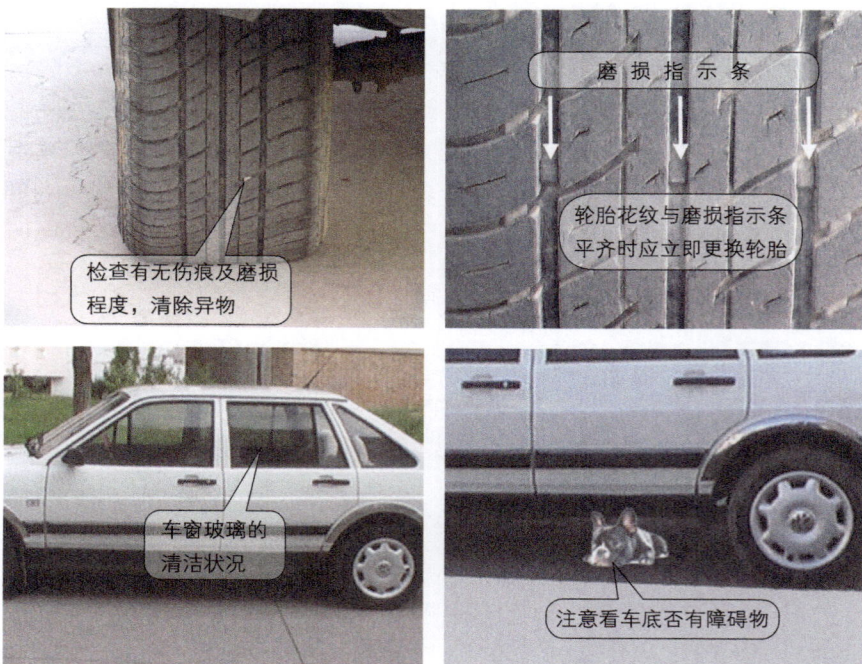

检查有无伤痕及磨损
程度，清除异物

磨 损 指 示 条

轮胎花纹与磨损指示条
平齐时应立即更换轮胎

车窗玻璃的
清洁状况

注意看车底否有障碍物

（2）打开车门前要观察后方交通情况，以免被后方来车撞上。

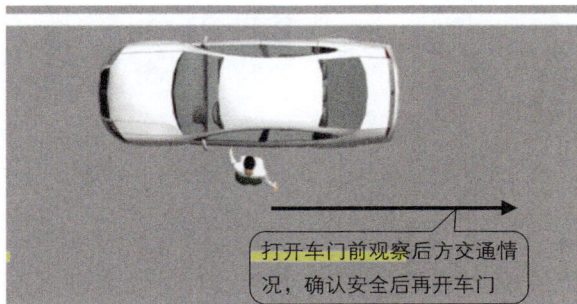

打开车门前观察后方交通情况，确认安全后再开车门

二 怎样正确起步？

答：正确的起步过程是：

（1）上车就座随手关门。实际驾驶中还要等其他车门都关好再起步。

（2）调整座椅、后视镜位置，系好安全带。顺序不能错：首先调整座椅，然后调整后视镜，最后系好安全带。

双手握住转向盘，踩下离合器踏板，自动档汽车则是踩下制动踏板，目的是试一试座椅的位置是否合适，若不合适则进行调整。

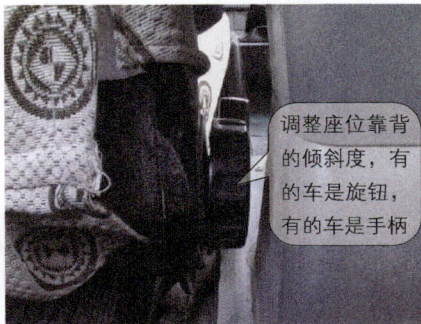

调整座位靠背的倾斜度，有的车是旋钮，有的车是手柄

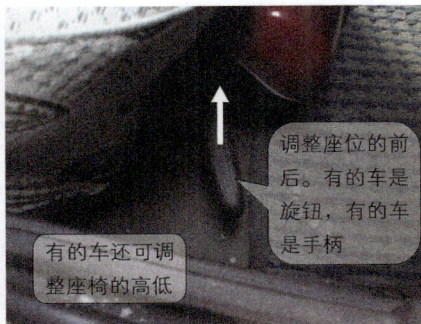

调整座位的前后。有的车是旋钮，有的车是手柄

有的车还可调整座椅的高低

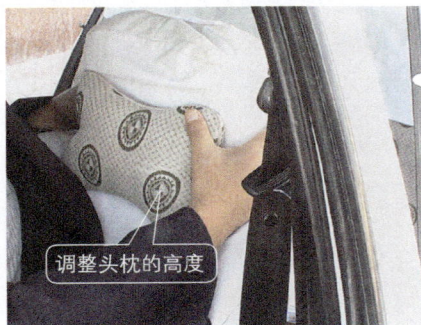

调整头枕的高度

调整座椅的机构及其操作差异较大，有手动的，有电动的，具体操作请看说明书，这里只是用来示范操作规定。

调整内后视镜

以看到后风窗玻璃的全部为宜，若未看到全部，则进行调整

调整左后视镜

约 1/2

约 1/3

合适的后视镜位置

调整右后视镜

合适的后视镜位置

约 1/3

约 1/2

注意：座椅、后视镜并不是每次都要调整，而是在换车或换人后不适合自己时才调整。

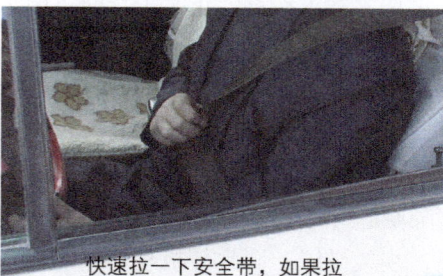

快速拉一下安全带，如果拉不动，说明工作正常，然后慢速拉出安全带，并扣好

128

起动发动机，踩一脚加速踏板，检查各仪表工作是否正常。

（3）确认一切正常、就绪，准备起步。起步前，要通过后视镜并向左方侧头，观察左、后方交通情况，确认无来车、来人等时再起步。

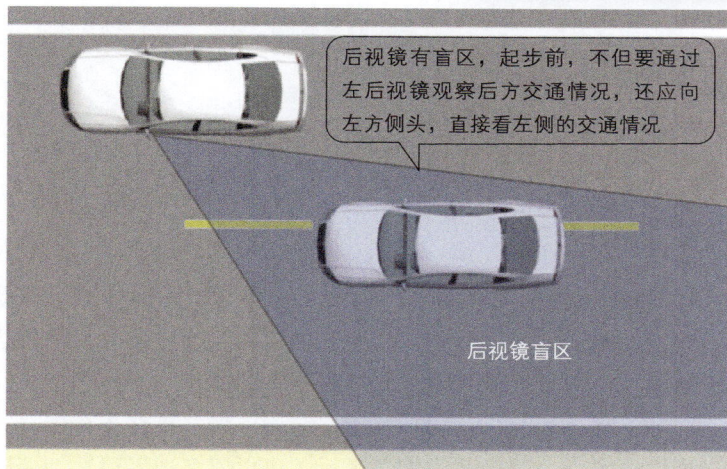

后视镜有盲区，起步前，不但要通过左后视镜观察后方交通情况，还应向左方侧头，直接看左侧的交通情况

后视镜盲区

（4）起动发动机时，变速杆要置于空档（自动档是 P 位或 N 位）。

起动发动机前用手左右晃动变速杆，检查是否在空档，自动档要确定在 P 位或 N 位，不要用眼看。

（5）发动机起动后要立即松开起动开关。

（6）松驻车制动器，起步。

起步前要松开驻车制动器。如果有缓坡，要按坡道起步的操作方法起步，即使平路也可按坡道起步操作方法起步。

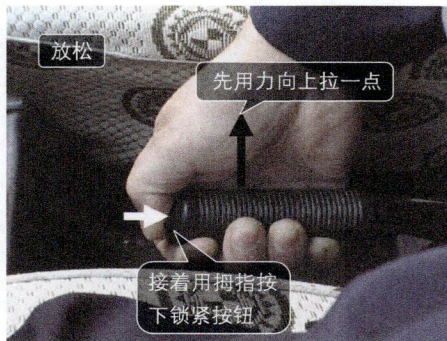

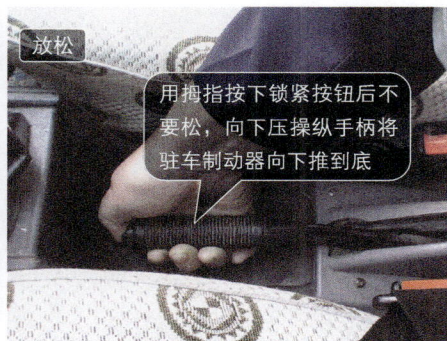

放松

先用力向上拉一点

接着用拇指按下锁紧按钮

放松

用拇指按下锁紧按钮后不要松，向下压操纵手柄将驻车制动器向下推到底

（7）若道路交通情况复杂，起步时要合理使用喇叭。

若遇人等其他交通参与者不让道等情况，起步前应适当鸣喇叭，等他们让开后再起步

（8）起步时车辆不发生闯动的窍门。松离合器踏板到离合器半联动前不要踩加速踏板，松离合器踏板到离合器半联动时，稍停顿，稳住，等车动后边缓踩加速踏板边松离合器踏板，直到完全松开，即可保证平稳起步。坡道起步时，松离合器踏板到发动机声音下降，车身抖动快被憋熄火前稍停顿并稳住离合器踏板，再松驻车制动器，根据坡度大小，适当踩下加速踏板（也可以在边平稳踩加速踏板的同时边松驻车制动器，不熟练的话，可在离合器半联动时先稍踩加速踏板稳定发动机，再松驻车制动器）等车动后边缓踩加速踏板边松离合器踏板，直到完全松开，即可平稳起步。

（9）起步时，控制加速踏板，使发动机转速不过高的窍门。在离合器半联动前不踩加速踏板或稍踩加速踏板，在离合器进入半联动后再根据道路阻力情况（根据发动机声音判断）适当踩加速踏板。

三　怎样保持直线行驶？

答：保持直线行驶的方法如下：

（1）平稳控制方向，保持车辆直线行使避免"画龙"的方法：眼看道路前方150m之外，跑偏时要稍打稍回，速度越快，打、回的就要越少，稍微来回搓动一点即可。

目光在 150m 外偏离道路中心约 0.5m，车辆大致居中行驶，也可用余光看车头的位置

"画龙"的原因：

车向右跑偏，需要向左打方向纠正，要根据偏离的程度打，少打少回	车身正时再向右回方向为时已晚，因为前轮还是朝着偏左的方向，所以车还要继续左转	结果是车又向左跑偏，然后向右纠正方向，等车身正了再向左回方向，结果又向右跑偏，龙就是这样画出来的

避免画龙的方法：车没有到预定方向前就要回方向

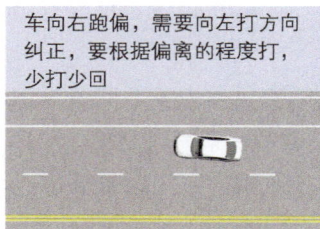

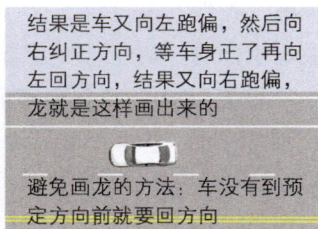

（2）遇前车制动时，要立即采取减速措施。

（3）通过后视镜观察后方交通情况的时间不要超过20s。考试要求通过三块后视镜观察后方交通情况的时间间隔要在20s以内。实际驾驶中根据交通的复杂程度，经常观察后方交通情况即可。

（4）了解车辆行驶速度。注意观察车速表确认车速，而靠感觉往往会出差错，超速了却没有感到快。

根据前车的制动情况，要及时采取松抬加速踏板、制动踏板或减档等减速措施

（5）集中精力，仔细观察，提前预防，发现路面障碍物要及时采取减速措施。

视线不要离开行驶路线，一旦发现障碍要及时采取松抬加速踏板、制动踏板或减档等减速措施。

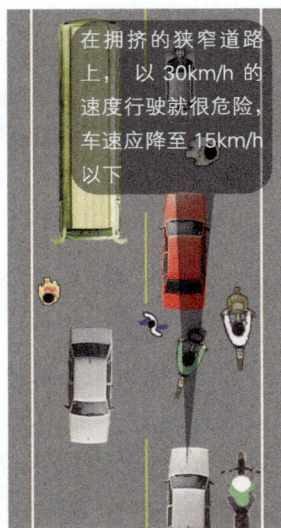

在拥挤的狭窄道路上，以30km/h的速度行驶就很危险，车速应降至15km/h以下

四 怎样跟车？

答：跟车方法如下：

（1）驾驶中要根据交通情况调整跟车速度。应根据车速保持足够的车距，车速越快，车距越大。

（2）快速行车时跟车距离的近似确定方法

① 车速在 20km/h 以上 60km/h 以下时，可按车速的数值减 15m 作为安全跟车距离，确保安全即可。比如，车速为 40km/h，保持跟车距离为 40m-15m 即 25m 以上比较合适。熟练后可适当缩短跟车距离。

② 在高速公路上车速至少在 60km/h 以上，安全跟车距离可按车速的数值近似取值。例如：车速为 60km/h 时，跟车距离在 60m 以上比较合适；车速为 80km/h 时，跟车距离在 80m 以上比较合适；车速再高时，跟车距离按上面的方法取值后应进一步适当加大。

③ 雨、雪、结冰道路和雾天等，在慢行的同时要适当增加跟车距离。例如，在雨水路面，跟车距离应增大 1.5 倍，在冰、雪路上，跟车距离应增大 3 倍以上。

（3）慢速行车时跟车距离的确定。缓慢行驶保持 5m 左右的车距即可。在拥挤的街道上慢速近距离跟车时判断车距的方法如下列各图所示。

注意：下面各图只是示意判断方法，眼的高度、前后位置不同时看到的情况是有差别的，需参考下面的方法按自己的自然驾驶姿势和习惯判断车距。

在驾驶技术熟练后，可以适当缩短上述距离，行驶中注意观察前方车流的行驶动态，以便提前采取措施，保证行车安全。

看到这个高度附近

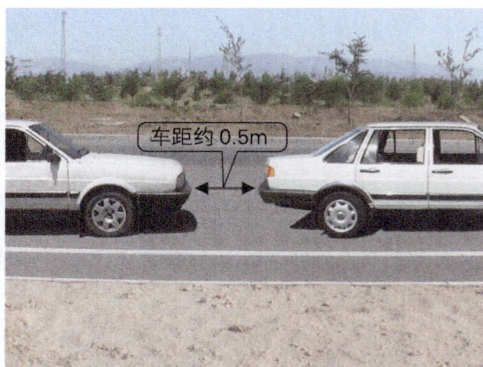
车距约 0.5m

看到这个高度附近

车距约 1m

看到这个高度附近

车距约3m

看到约1.5m的间隔

车距约5m

（4）注意保持横向安全距离

① 所有车辆在车道中间行驶即可保证横向安全距离。

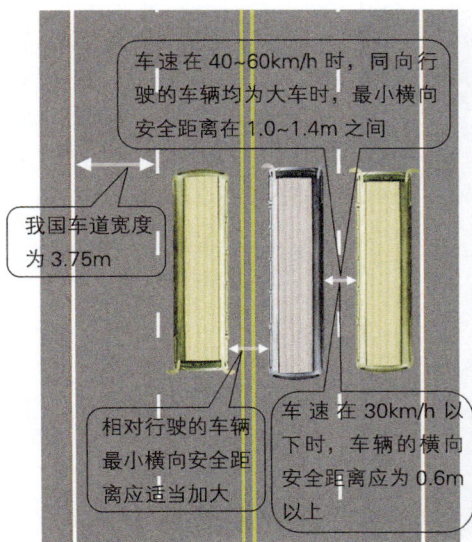

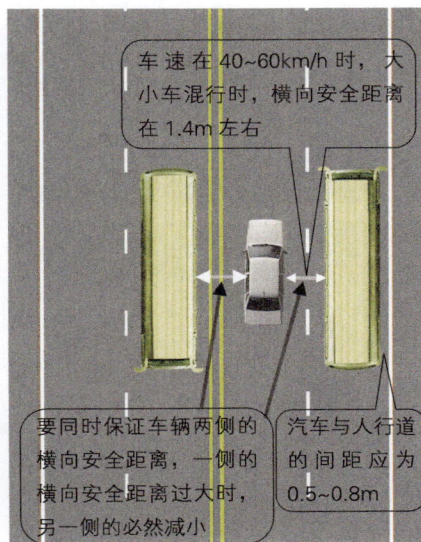

车速在40~60km/h时，同向行驶的车辆均为大车时，最小横向安全距离在1.0~1.4m之间

我国车道宽度为3.75m

相对行驶的车辆最小横向安全距离应适当加大

车速在30km/h以下时，车辆的横向安全距离应为0.6m以上

车速在40~60km/h时，大小车混行时，横向安全距离在1.4m左右

要同时保证车辆两侧的横向安全距离，一侧的横向安全距离过大时，另一侧的必然减小

汽车与人行道的间距应为0.5~0.8m

② 汽车的横向安全距离与车速有关。

③ 在无车道线的窄路上车辆相遇时，不可过于靠左或靠右，注意事项如下图所示。

④ 道路上的车辆均为小车时，横向安全距离应在 1.0~2.0m 之间。小车的安全距离很容易保证，各自行驶在道路中央时安全距离约 2m，即使小车的两侧都是大车，也可保证 1m 以上的横向安全距离。

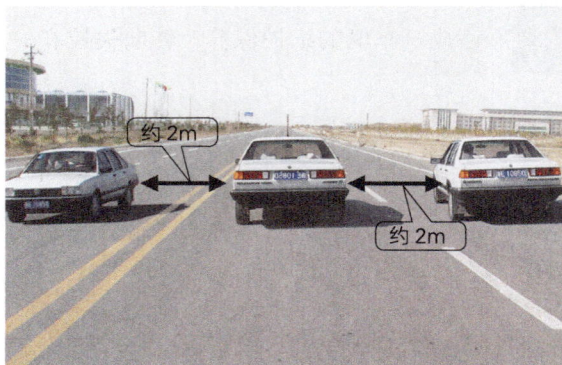

在无车道线的窄路上确定横向距离时，要注意看路边沿，以免驶出路面

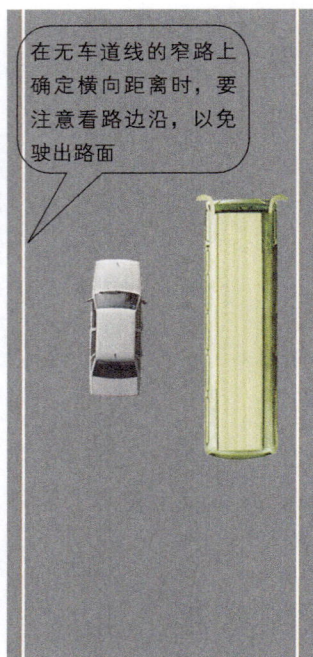

约 2m

约 2m

确定小车横向安全距离的方法如下面各图所示。

这两条线位于车头的这两处时，车辆基本位于车道中间稍偏左的地方

这时候横向距离约为 2m

并行时还可用余光向右看下，再次确认横向安全距离

会车时两车各自按这样的位置行驶即可保证横向安全距离在 2m 左右

⑤雨、雪、雾天，路滑、视线不清，更要注意保持横向安全距离。无法保持足够的横向安全距离时，则应慢行或找安全的地段停车，以确保行车安全。

（5）跟车注意事项

①跟车的基本注意事项如下图所示。

②跟在大型车辆如公交车之后的注意事项如下图所示。

跟在大型车后面过路口时，不要跟得太近，在条件许可的情况下，可向左或者向右偏出车身，看清信号灯再走。

③跟在出租车后的注意事项如下图所示。

④ 跟车时尽量不要被夹在大型车辆之间，尽量远离它们。

五 怎样变更车道？

答：变更车道的方法如下：

（1）变更车道前，一定要通过内、外后视镜观察后方道路的交通情况。

后视镜有盲区，在变更车道前，不但要通过左（或右）后视镜和内后视镜观察后方交通情况，还应向左或右方侧头直接看左或右侧的交通情况。

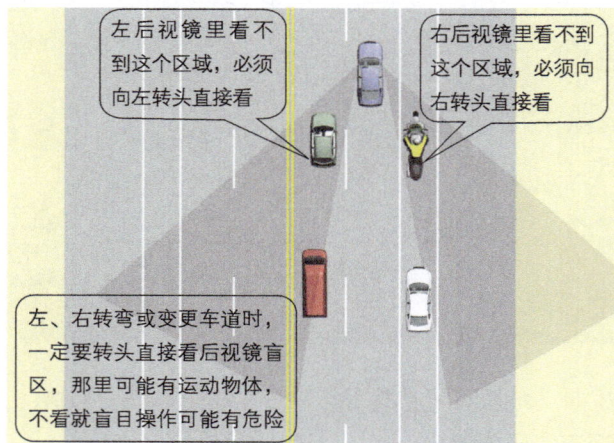

（2）变更车道时，必须确保足够的横向、纵向安全距离，以免妨碍其他车辆

正常行驶，招致危险。

　　攻略： 变更车道时和前方、后方的车辆要保持 20m 以上的安全距离，横向距离要在 1m 以上

　　（3）不得连续变更两条以上的车道。

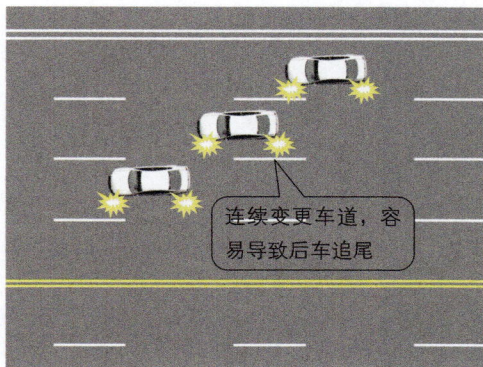

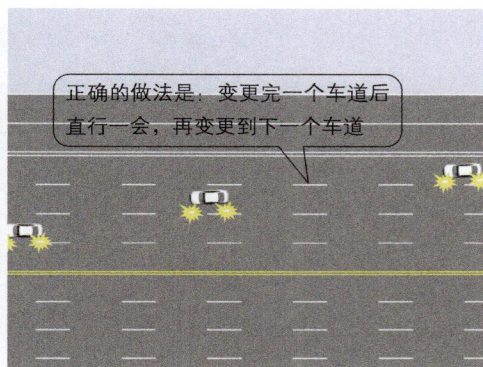

　　连续变更车道，容易导致后车追尾

　　正确的做法是：变更完一个车道后直行一会，再变更到下一个车道

六　怎样通过路口？

　　答： 通过路口的方法如下：

　　（1）接近路口时要提前减速慢行。

　　为了安全，通过路口前要减速慢行，不管另一条车道上是否有来车，良好的减速慢行习惯是避免在路口发生交通事故的有效途径

　　（2）直行通过路口或转弯时要反复扫视观察周围的交通情况。

到路口前，要反复观察路口左、右方的交通情况

转弯通过路口时，要观察侧前方交通情况，并通过内、外后视镜观察后、侧方交通情况，并略转头直接观察后视镜的盲区。忽视对盲区的观察，往往招致事故

（3）遇到路口交通阻塞时，要在路口外等候。

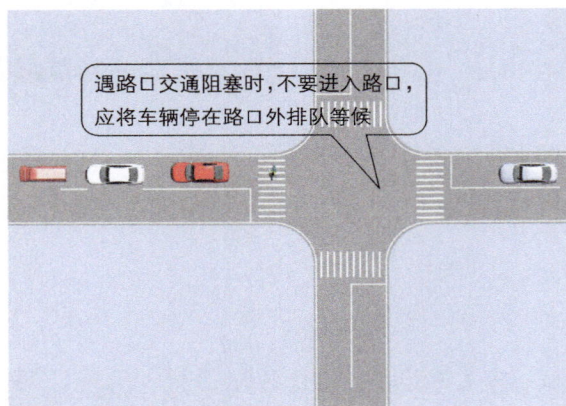

遇路口交通阻塞时，不要进入路口，应将车辆停在路口外排队等候

（4）要按规定避让行人和优先通行的车辆。

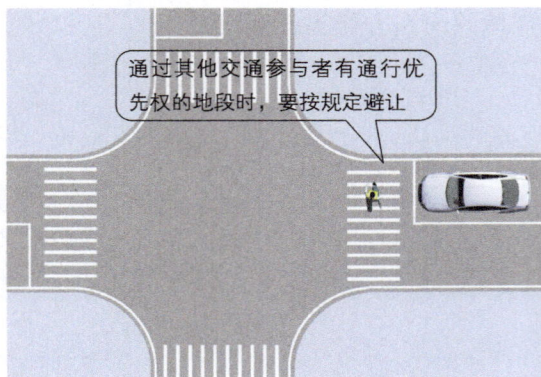

通过其他交通参与者有通行优先权的地段时，要按规定避让

（5）左转通过路口时，要靠路口中心点左侧转弯。

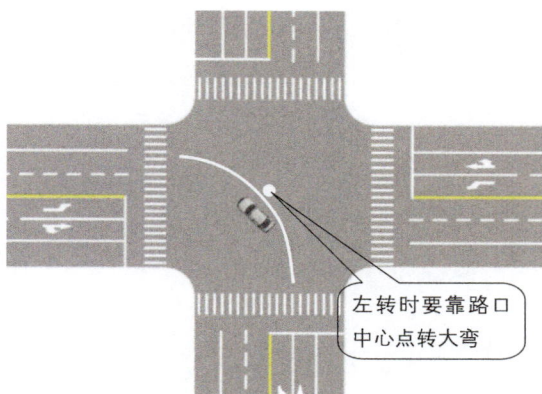

左转时要靠路口中心点转大弯

（6）机动车通过既没有交通信号灯，也没有交通警察指挥的支干不分且没有交通标志、标线控制的交叉路口时，优先通行权如下：

① 转弯的车辆让直行的车辆先行。

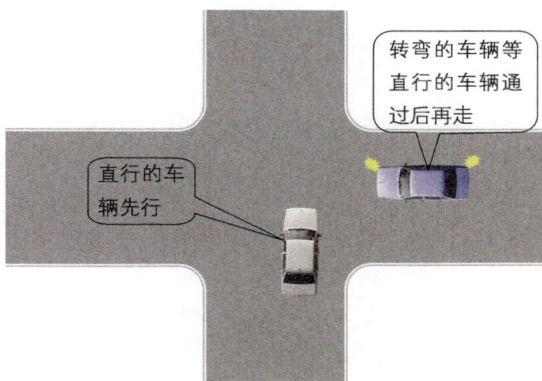

转弯的车辆等直行的车辆通过后再走

直行的车辆先行

② 相对行驶的转弯车辆的优先通行权：右转弯的车辆让左转弯的车辆先行。

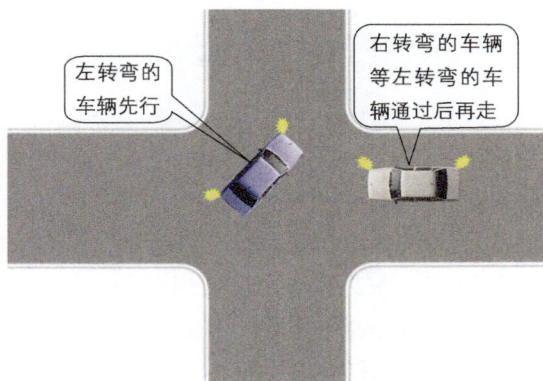

右转弯的车辆等左转弯的车辆通过后再走

左转弯的车辆先行

③ 车辆直行通过路口的优先通行权。在进入路口前停车瞭望，让右方道路的来车先行。

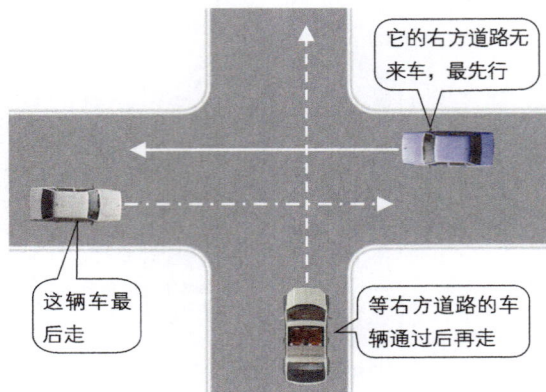

它的右方道路无来车，最先行

这辆车最后走

等右方道路的车辆通过后再走

七 怎样通过人行横道线、学校区域和公共汽车站？

答：通过这些区域时的方法如下：

（1）从较远的地方开始，要反复认真观察左、右方的交通情况。

（2）提前减速慢行。

（3）遇行人通过人行横道时应停车，等行人通过后再继续行驶。

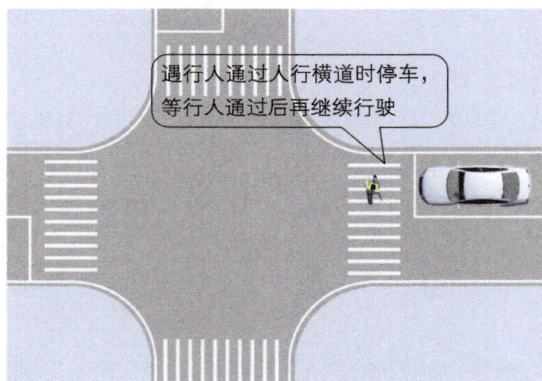

遇行人通过人行横道时停车，等行人通过后再继续行驶

（4）学校大门两侧的道路往往会限制通行时间和速度，因此驾车通过学校时要看限行标志，在禁止通行的时间段不可通过，在限制通行时间段之外的时间不得超出规定的时速，一般是 20km/h 以内，往往有电子警察拍照，要减速慢行，脚放在制动踏板上，不踩下，让车辆靠惯性行驶，注意学生的动向，时刻做好停车准备，这样在发现紧急情况时也不会误踩加速踏板。

（5）通过公交车站时要减速慢行，把脚放在制动踏板上，不踩下，让车辆靠惯性行驶，防止盲区中突然出现行人，并时刻做好停车准备，这样在发现紧急情况时也不会误踩加速踏板。

八 怎样会车？

答：会车的方法如下：

（1）在没有中心隔离设施或者中心线的道路上会车时，要减速，看右后视镜，直接看右侧，确认右后方、右侧安全后，逐渐适当靠右，并与其他车辆、行人或者非机动车保持足够的安全距离。

注意观察对面所有来车，判断是否有企图超车的车辆

要注意看前方若干辆车的行进状态，并留意前方车流的两侧

不要只盯住前车的尾部

会车地点必须选在横向安全距离足够的地方，视交通状况，适当降低车速

（2）会车困难时要让行。如果道路交通情况复杂，拥挤，要减速或靠右停车让行。

（3）要学会准确判断横向安全距离，避免紧急转向避让相对方向的来车。

九 怎样超车？

答：超车方法如下：

（1）超车前要牢记通过内、外后视镜观察后方和左侧的交通情况。

（2）超车时要选好时机，不能影响其他车辆正常行驶。

超车条件：道路宽阔，视线良好，左方车道后方 150m 以内没有来车，被超车辆车速不快，行驶正常。据专家测试，超车时与对面来车的安全距离近似取为超车时车速值的 6 倍以上，如超车车速为 50km/h 时，与对面来车的安全距离取为 300m 以上。

雨雾或大风天气，视线不清，在拖拉损坏的车辆时，不要超车。否则，强行超越或超车方法不当，可能会发生事故。

确认前方安全，如前车是否超车，超车时是否有与对方来车相遇的可能等

通过左后视镜并直接向左偏头扫视左侧，确认左后方的安全，看左后方是否有车辆准备超车或正在超越，看左后视镜的同时可再次确认前方的安全

注意：左（右）后视镜也有盲区，左（右）后视镜里看不到的车辆可能正在本车的左（右）后侧行驶，所以除看左（右）后视镜外直接向左（右）看是必须的

适当留意右后视镜，看是否有车辆从右侧超车

通过内后视镜确认后方的安全，如后方车辆是否准备超车或正在超越

前车正在左转弯、掉头、超车，与对面来车有会车可能，以及在交叉路口、窄桥、弯道、陡坡、人行横道、市区交通流量大的路段等没有超车条件的情况下都不要超车。超车前或超车后都必须保持足够的安全距离，速度越快安全距离就要越大。

不得超越执行紧急任务的警车、消防车、救护车、工程救险车；行经铁路道口、交叉路口、窄桥、弯道、陡坡、隧道、人行横道、市区交通流量大的路段等没有超车条件的路段时，不得超车。

不可超车的情况示例如下：

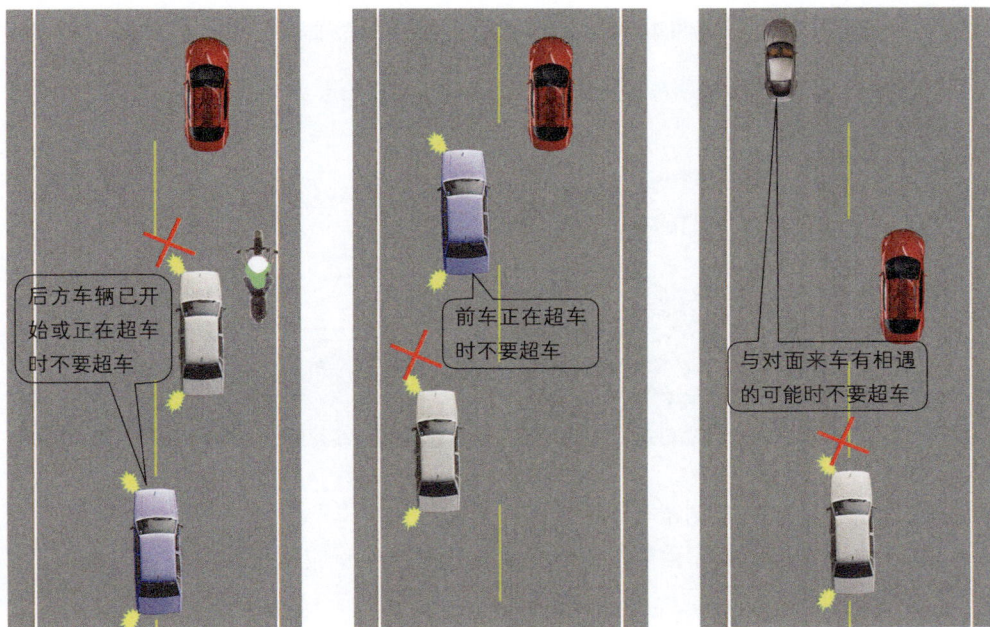

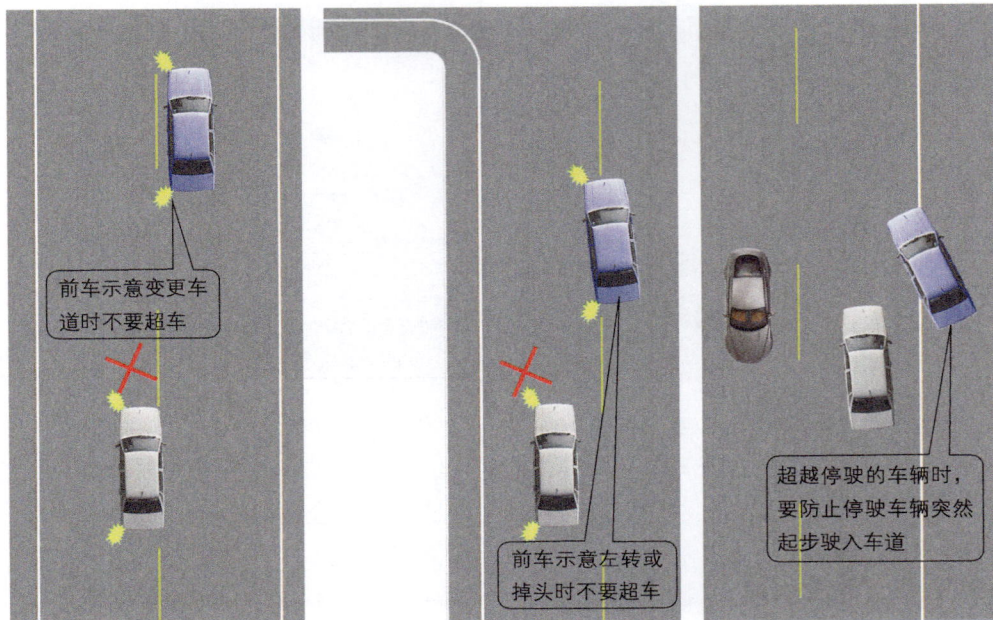

前车示意变更车道时不要超车

前车示意左转或掉头时不要超车

超越停驶的车辆时，要防止停驶车辆突然起步驶入车道

（3）超车时要与被超越车辆保持足够的纵向和横向安全距离。

（4）超车后不得急转向驶回本车道，以免妨碍被超车辆的正常行驶。应在超出足够的安全距离后再驶回本车道，速度越快安全距离就要越大。

超越后开右转向灯（3s 以上），在右后视镜里看到被超车的全部之后，通过右后视镜确认后方纵向安全距离（可以根据车速近似取值）足够之后，慢慢转向回到右方车道

关闭右转向灯，降速，进入正常行驶状态

（5）切记不可从右侧超车。

（6）当后车发出超车信号时，如果具备让车条件，应减速靠右让行。

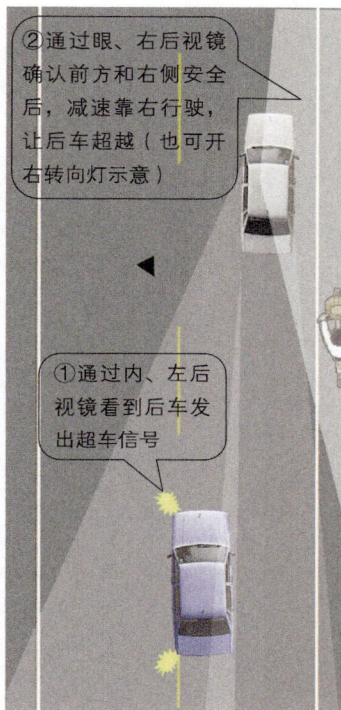

②通过眼、右后视镜确认前方和右侧安全后，减速靠右行驶，让后车超越（也可开右转向灯示意）

①通过内、左后视镜看到后车发出超车信号

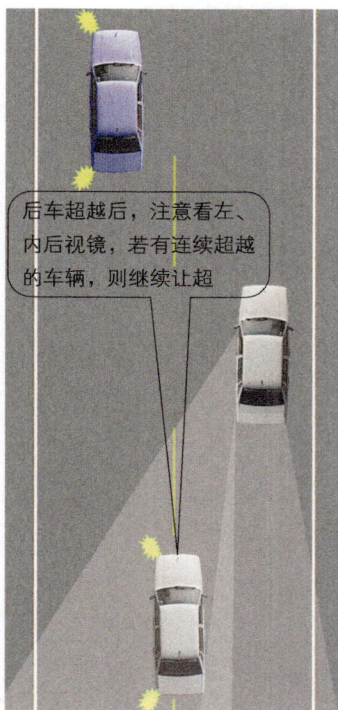

后车超越后，注意看左、内后视镜，若有连续超越的车辆，则继续让超

若无连续超越的车辆，即可驶入正常路线

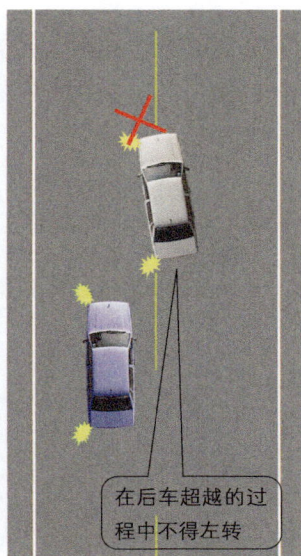

在后车超越的过程中不得左转

更不得在左转的同时紧急制动

145

十　怎样靠边停车?

答：靠边停车方法如下：

（1）停车前，要通过内、外后视镜观察后方和右侧的交通情况。

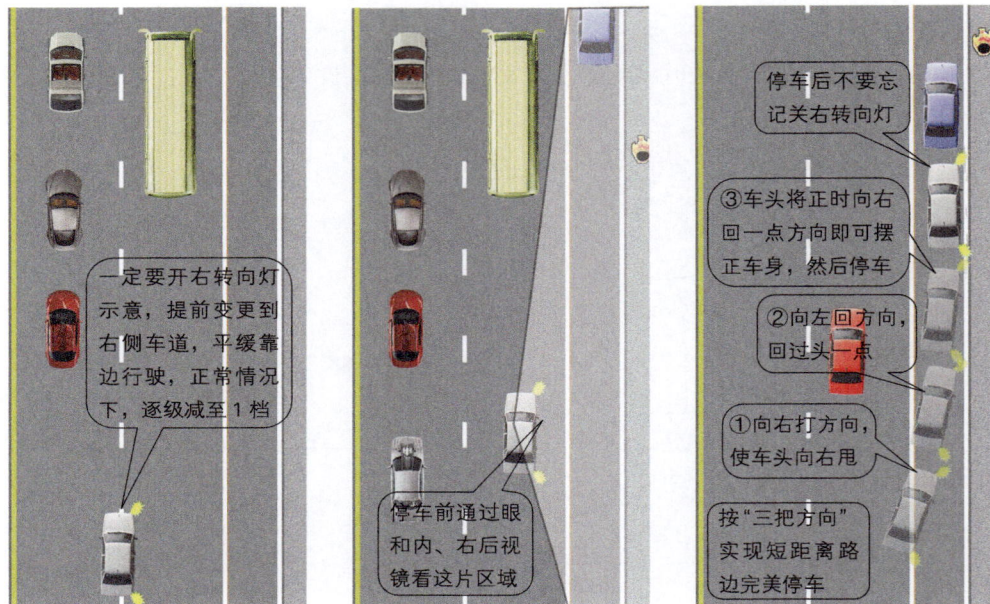

一定要开右转向灯示意，提前变更到右侧车道，平缓靠边行驶，正常情况下，逐级减至1档

停车前通过眼和内、右后视镜看这片区域

停车后不要忘记关右转向灯

③车头将正时向右回一点方向即可摆正车身，然后停车

②向左回方向，回过头一点

①向右打方向，使车头向右甩

按"三把方向"实现短距离路边完美停车

（2）车停稳后先拉紧驻车制动器，挂空档，松离合器踏板，最后放松制动踏板。

（3）停车后，车身不要超过道路右侧边缘线或者人行道边缘，让车身右侧与道路右侧边缘线或者人行道边缘间的距离在 30cm 以内。

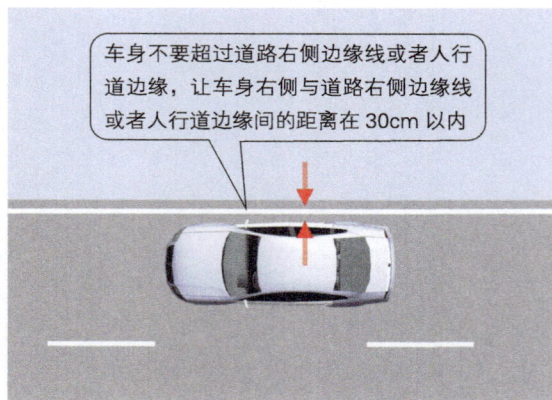

车身不要超过道路右侧边缘线或者人行道边缘，让车身右侧与道路右侧边缘线或者人行道边缘间的距离在 30cm 以内

（4）停车后，在车内开门前要侧头观察侧后方和左侧的交通情况。先通过看左后视镜并向左转头直接目视左侧，确认侧后方和左侧安全后，开车门到能伸出头的程度停止开门，伸出头直接看后方，确认安全后再继续开门。

（5）下车前将发动机熄火，如果是换人考试，不必熄火。

（6）牢记下车后要关车门。

（7）夜间在路边临时停车时要关闭前照灯或开启危险报警闪光灯（同时让左右转向灯闪烁），就是按下这个开关 。

注意事项：

（1）不要在交通法规禁止停车的地方停车。

（2）停车前先逐级减至1档，接近停车点时，由轻渐重踩制动踏板，速度较低时踩下离合器踏板，车辆即将停下时逐渐减轻踩制动踏板的力度，最后轻点制动踏板，在车停住的瞬间，再将制动踏板踩到底即可平稳停车。

（3）停车操作以安全停车为重，以平稳为次。

（4）不熟练时可通过加大停车距离的办法实现平稳停车。

（5）车速快或停车距离短时开始踩制动踏板的力量要大一些，反之小一些。

十一 怎样掉头？

答：掉头方法如下：

（1）掉头前要认真观察前后交通情况，选择安全的掉头时机。

观察前后交通情况，在其他车辆距离较远，车速较慢，已经看到你示意掉头并减速避让时，可以掉头。

（2）要选择安全的地点掉头。选择宽阔、车少人稀的地段和准许掉头的路口等地方掉头。

（3）掉头时，注意观察前后左右，不要妨碍正常行驶的其他车辆和行人通行。

（4）在非机动车道比较宽阔的道路上，可借非机动车道一次完成掉头。借用非机动车道掉头时可开启右转向灯示意，借道完成后，再换成左转向灯。

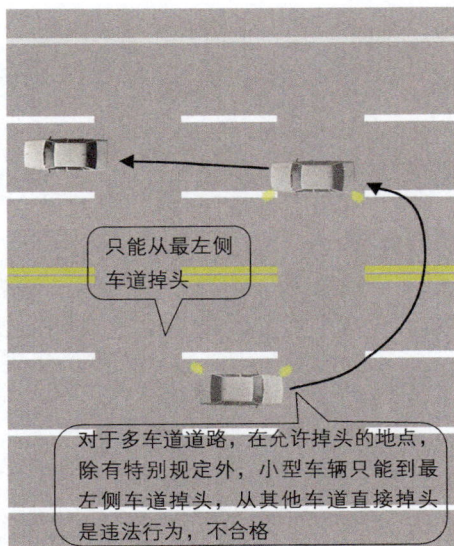

只能从最左侧车道掉头

对于多车道道路，在允许掉头的地点，除有特别规定外，小型车辆只能到最左侧车道掉头，从其他车道直接掉头是违法行为，不合格

147

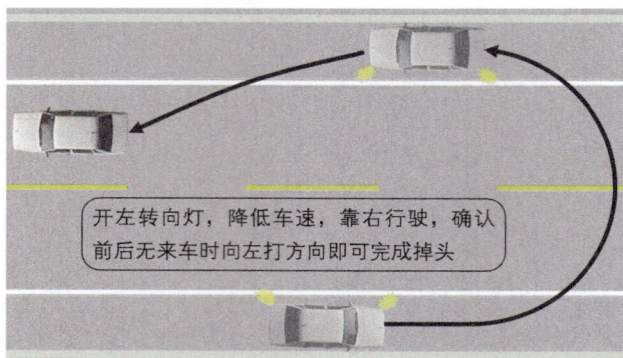

开左转向灯，降低车速，靠右行驶，确认前后无来车时向左打方向即可完成掉头

十二 怎样进行夜间行驶?

答：夜间驾驶方法如下：

（1）正确开启灯光。使用灯光的一般原则：使用灯光的时间一般以路灯的开、

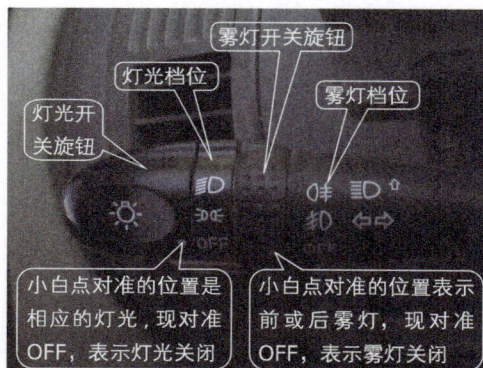

灯光开关旋钮
灯光档位
雾灯开关旋钮
雾灯档位

小白点对准的位置是相应的灯光，现对准 OFF，表示灯光关闭

小白点对准的位置表示前或后雾灯，现对准 OFF，表示雾灯关闭

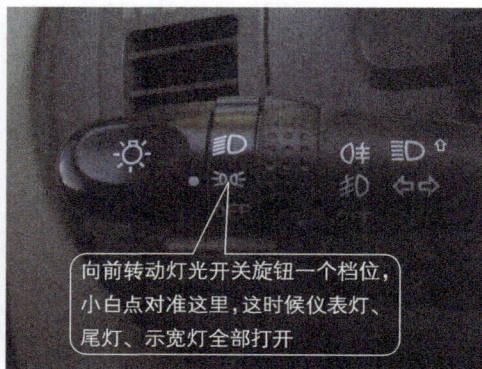

向前转动灯光开关旋钮一个档位，小白点对准这里，这时候仪表灯、尾灯、示宽灯全部打开

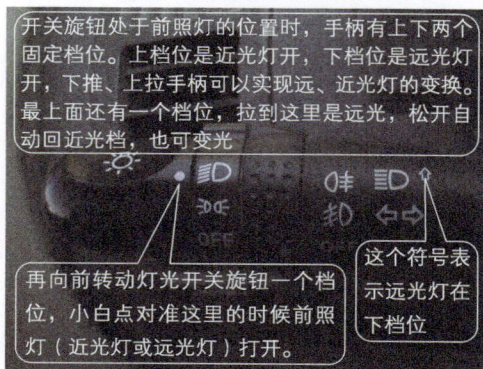

开关旋钮处于前照灯的位置时，手柄有上下两个固定档位。上档位是近光灯开，下档位是远光灯开，下推、上拉手柄可以实现远、近光灯的变换。最上面还有一个档位，拉到这里是远光，松开自动回近光档，也可变光

再向前转动灯光开关旋钮一个档位，小白点对准这里的时候前照灯（近光灯或远光灯）打开。

这个符号表示远光灯在下档位

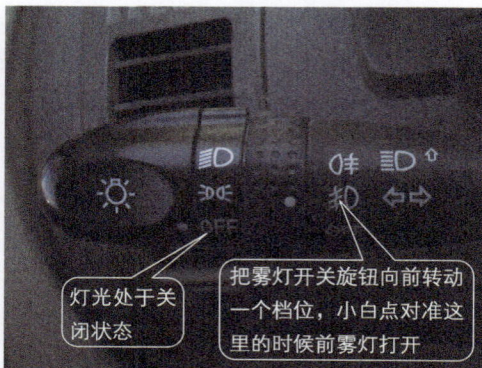

灯光处于关闭状态

把雾灯开关旋钮向前转动一个档位，小白点对准这里的时候前雾灯打开

闭时间为标准。夜间应用前照灯近光起步，起步后在照明良好的街道上应使用前照灯近光，在照明差或无路灯且车辆稀少的街道上，慢行时应使用前照灯近光，快速行驶时应改用前照灯远光。夜间临时停车时应关闭前照灯，开启示宽灯和尾灯。

夜间没有路灯、照明不良时，开启前照灯、示宽灯和尾灯。

起步用近光灯，速度大于 30km/h 时改用远光灯。

（2）同方向近距离跟车行驶时，不得使用远光灯。

近距离跟车行驶时，要使用近光灯，以免前车后视镜耀眼

跟车行驶距离大时，再使用远光灯

（3）在以下各图所示的情况下应当减速慢行，并交替使用远、近光灯示意。此外必要时在非禁止鸣喇叭地段可鸣喇叭示意，如驶近急弯、坡道顶端时可鸣喇叭示意。

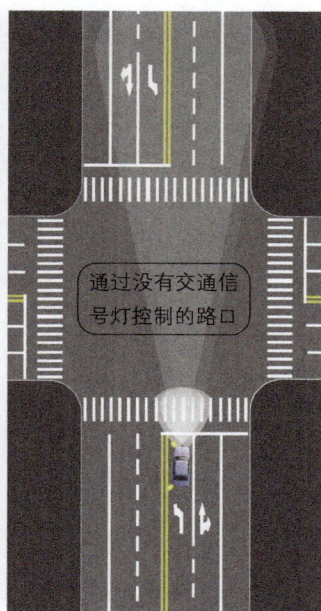

通过人行横道

通过没有交通标线和交通信号灯控制的路口

通过没有交通信号灯控制的路口

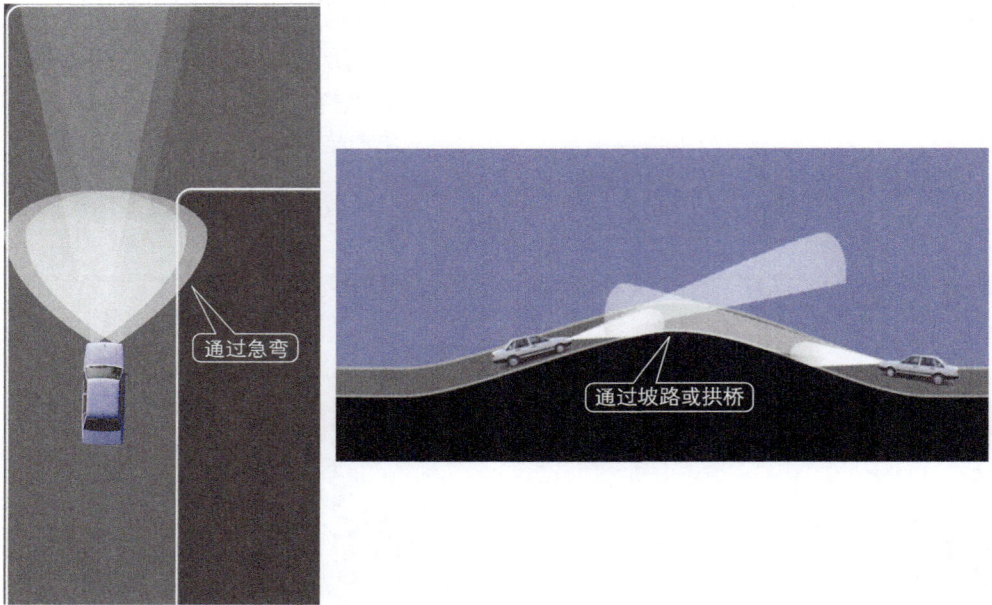

通过急弯

通过坡路或拱桥

（4）在路口转弯、会车或以下各图所示的其他情况下应当使用近光灯，转弯时应还要开启转向灯。

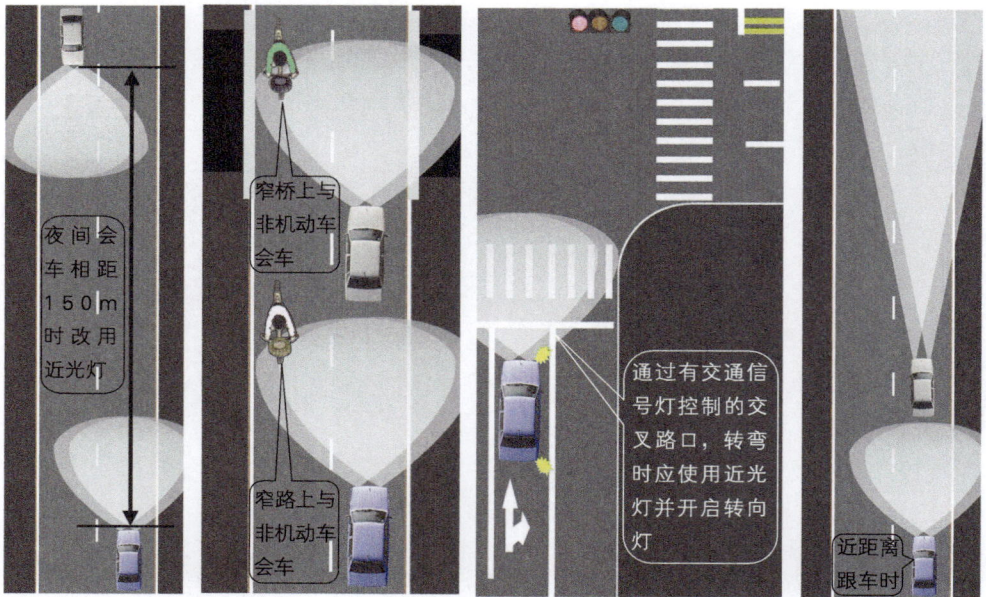

夜间会车相距150m时改用近光灯

窄桥上与非机动车会车

窄路上与非机动车会车

通过有交通信号灯控制的交叉路口，转弯时应使用近光灯并开启转向灯

近距离跟车时

（5）夜间超车时灯光的使用。夜间应以跟车行进为主，适当增加跟车距离，尽量避免超车。若前车速度过慢，交通流量小，可以超车，超车时应按右图所示的要领进行操作。

（6）对低能见度道路要仔细观察判断。根据路面阴影的深浅选择路面，阴影深的地方坑洼也深，应减速，绕行或骑轧过去。

如果驶近时前方的黑影逐渐消失，说明路面上是浅坑洼。

关右转向灯

超出 20m 后开右转向灯返回

20m 以上

前车避让后迅速超越

距前车约 20m 以上变换远、近光灯示意

20m 以上

有雾的时候要打开雾灯，慢行，并仔细观察前方的情况。

（7）在有路灯、照明良好的道路上行驶时，要使用近光灯。

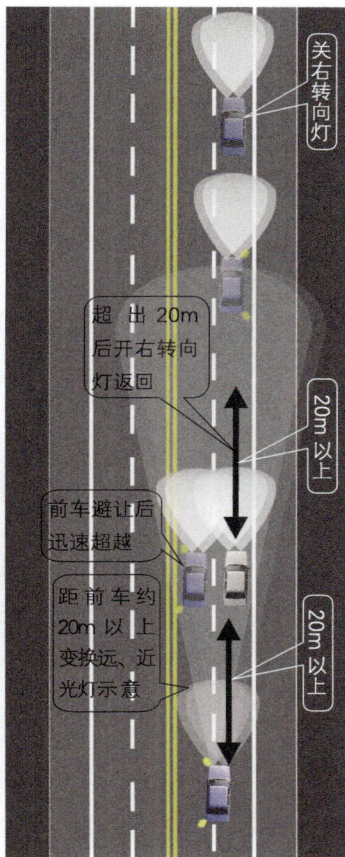

（8）夜间视线的分配。城市道路上绚丽的灯光往往干扰驾驶人对交通动态的判断，正确分配视线对安全驾驶是十分重要的。主视线分配如右图所示，不要看下图和右图中虚线所示区域，否则会造成炫目。顺便说一下：保持车窗明净，可以减小仪表灯和对面车灯带来的炫目强度；配带近视镜者一定要把镜片擦干净。

主视线

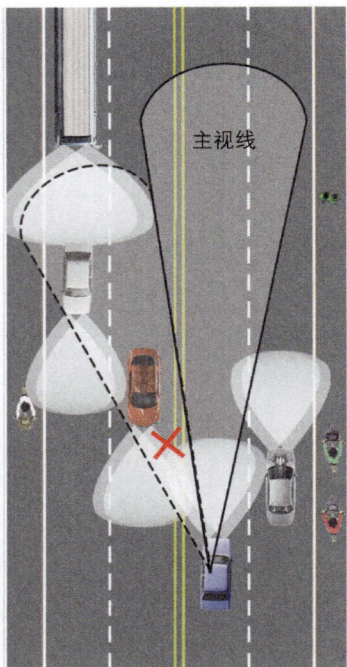

十三 起伏路如何驾驶?

1. 起伏路驾驶的目的是什么?

答：考察机动车驾驶人驾驶车辆平顺通过起伏路面的能力。

2. 场地布局如何? 训练标准如何?

答：场地布局如下图所示。

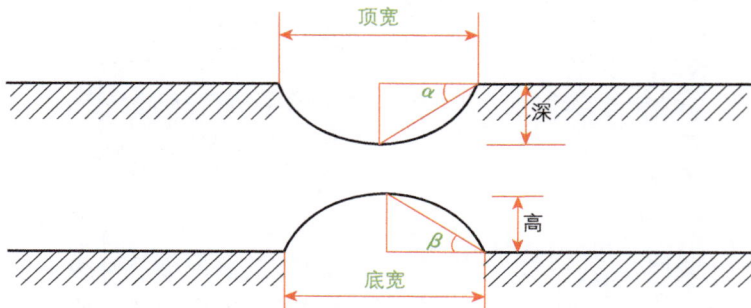

顶宽

α

深

高

底宽

β

训练标准是：

◇ 通过起伏路面时，车速控制不当，车辆严重跳跃，不合格。

◇ 通过起伏路面前不减速，扣 10 分。

◇ 通过起伏路面前过早减速，扣 5 分。

3. 操作要求如何？

答：机动车驾驶人驾驶车辆行驶至起伏路面前 20m 左右时制动减速，使用低速档或者离合器半联动平稳安全地通过起伏路段。

4. 训练方法如何？

答：训练方法如下列各图所示。下凸凹路的坡时，为了控制车辆蠕行，必要时在离合器半联动状态可用脚轻点制动踏板，也可以把离合器踏板踩到底。

（1）过凸路面。

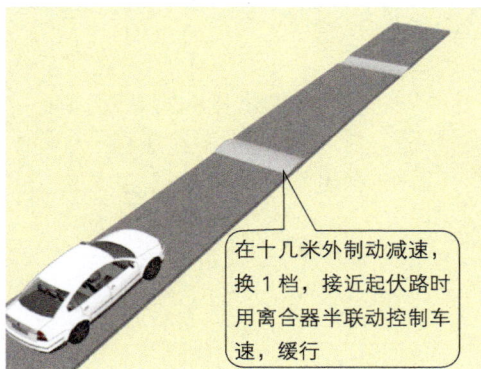

在十几米外制动减速，换 1 档，接近起伏路时用离合器半联动控制车速，缓行

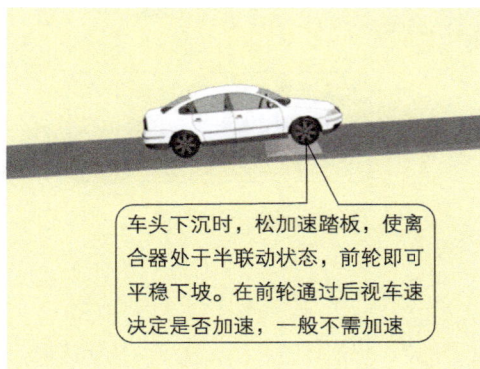

车头下沉时，松加速踏板，使离合器处于半联动状态，前轮即可平稳下坡。在前轮通过后视车速决定是否加速，一般不需加速

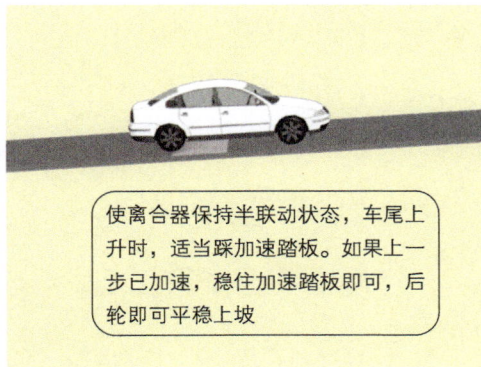

使离合器保持半联动状态，车尾上升时，适当踩加速踏板。如果上一步已加速，稳住加速踏板即可，后轮即可平稳上坡

车尾下沉时，松加速踏板，使离合器处于半联动状态，后轮即可平稳下坡

（2）过凹路面。距凹路面十几米时，制动减速，换 1 档，以离合器半联动控制车速。

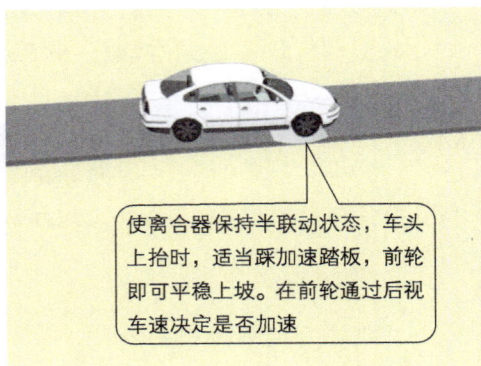

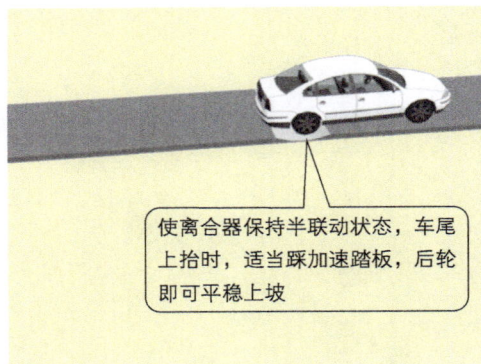

使离合器处于半联动状态，即将下坡时控制车辆缓行，车头下沉时，松开加速踏板，前轮即可平稳下坡

使离合器保持半联动状态，车头上抬时，适当踩加速踏板，前轮即可平稳上坡。在前轮通过后视车速决定是否加速

使离合器保持半联动状态，车尾下沉时，松开加速踏板，后轮即可平稳下坡

使离合器保持半联动状态，车尾上抬时，适当踩加速踏板，后轮即可平稳上坡

十四 怎样完成百米加减档操作？

1. 训练目的是什么？

答：训练机动车驾驶人操纵车辆档位的熟练程度。

2. 场地布局如何？训练标准是什么？

答：场地布局如下页图所示。

训练标准是：

◇ 在百米内未完成规定加、减档的，不合格。

◇ 越级换档，扣 10 分。

起点线　　　　　百米中点标志杆　　　　　终点线
距离100m

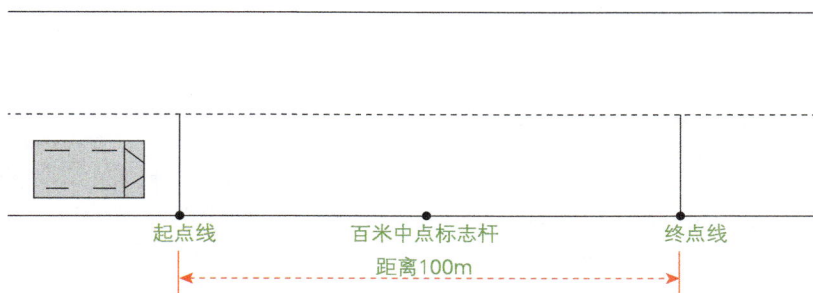

3.操作要求是什么？

答：机动车驾驶人驾驶车辆由起点线起步，在百米内完成从最低档逐级加至最高档，再从最高档逐级减至2档。

4.训练方法如何？

答：训练方法如下列各图所示。

（1）加档。

30cm　起点

刚过中点就要换到5档

50cm

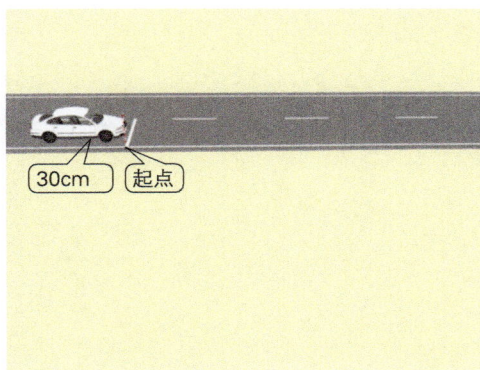

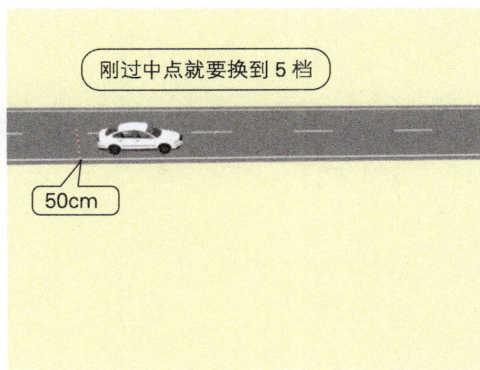

按起步要求挂1档起步后快速加速，关左转向灯。
起步后不要冲车，在迅速将离合器踏板踩下的同时松加速踏板，换2档。
快速加速冲车，在迅速将离合器踏板踩下的同时松加速踏板，换3档。
升4档、5档操作类似，区别是可以不加速。

（2）减档。减档过程靠贯性前进，速度快时每次减档前可轻踩制动踏板降速。

按停车要求到终点停车，停车后不要忘记关右转向灯

挂入 5 档后，不加速，迅速将离合器踏板踩到底，换 4 档。

松离合器踏板不加速，稍等，迅速将离合器踏板踩到底，换 3 档。

松离合器踏板不加速，稍等，迅速将离合器踏板踩到底，换 2 档，视停车距离的长短适当踩制动踏板，按停车要求停车。

附　录

附录A　科目二、科目三考试综合评判标准

一、考试时出现下列情形之一的，考试不合格

（1）不按规定使用安全带或者戴安全头盔。

（2）不按交通信号灯、标志、标线或者交通警察指挥信号行驶。

（3）车辆行驶中骑轧车道中心实线或者车道边缘实线。

（4）车速超过限速规定。

（5）起步时车辆后溜距离大于30cm。

（6)车辆行驶方向控制差。

（7）驾驶汽车时双手同时离开转向盘。

（8）单手控制转向盘时，不能有效、平稳地控制行驶方向。

（9）换档时低头看档或者连续两次换档不进。

（10）制动踏板、加速踏板使用错误。

（11）行驶中空档滑行。

（12）视线离开行驶方向超过2s。

（13）行驶中不能保持安全距离和安全车速。

（14）争道抢行，妨碍其他车辆正常行驶。

（15）因观察、判断或者操作不当出现危险情况。

（16）不按考试员指令驾驶。

（17）违反交通安全法律、法规，考试员认为影响安全驾驶的。

（18）驾驶摩托车时手离开转向把。

（19）二轮摩托车在行驶中左右摇摆或者脚触地。

（20）摩托车制动时不同时使用前、后制动器。

（21）不能熟练掌握牵引车与半挂车安全连接方法。

二、考试时出现下列情形之一的，扣20分

（1）起步、转向、变更车道、超车、停车前不使用转向灯。

（2）将车辆停在人行横道、网状线内等禁止停车区域。

（3）起步时车辆后溜，但后溜距离小于30cm。

（4）长时间骑轧车道分界线行驶。

（5）转弯时，转、回方向过早或过晚，或者转向角度过大或过小。

（6）不主动避让行人、非机动车。

（7）对可能出现危险的情形未采取减速、鸣喇叭等安全措施。

157

三、考试时出现下列情形之一的，扣 10 分

（1）起步、转向、变更车道、超车、停车前，开转向灯的时间少于 3s 即转向。
（2）驾驶姿势不正确。
（3）操纵转向盘手法不合理。
（4）选择档位不当，造成车辆低档高转速行驶或者车辆抖动。
（5）起步挂错档，不能及时纠正。
（6）换档时齿轮撞击。
（7）遇情况时不会合理使用离合器半联动控制车速。
（8）因操作不当造成发动机熄火一次。
（9）不能根据交通情况合理使用喇叭。
（10）不能根据交通情况合理选择行驶车道或者行驶速度。
（11）制动不平顺。
（12）通过积水路面遇行人、非机动车时，有不减速等不文明驾驶行为。

附录 B 科目二、科目三考试程序

不同地方考试要求略有差别，此处仅供参考。

（1）站在距车头右侧及前方均约 30cm 处，绕车头环行，走出车头的左侧前方停一下，探头向右向左看车辆左侧的交通情况，确认交通安全后继续绕行，在正对车门距车门约 50cm 的位置停住，喊"报告"，听到考官说"请上车"的指令后，向右转头后看，确认交通安全后，开车门，上车就座，关驾驶室门。

（2）调整座椅位置：双手握转向盘把离合器踏板踩到底，判断座椅位置是否需要调整。

（3）看左、内、右后视镜检查它的位置是否合适，不合适时需调整。小车考试时要做出调整（内）后视镜的动作；大客车考试时看右后视镜时注意看镜中乘客门，确认是否关闭，乘客上下完毕后关乘客门。

（4）系安全带。

（5）适当踩加速踏板观察各仪表，然后说："报告考官，车辆，仪表正常，请求考试。"听到考官说"走"的指令后，挂档，开左转向灯，按喇叭，使离合器处于半联动状态，松驻车制动器起步时，以看左后视镜为主，用余光看前方，一旦起步，就要以目视前方为主。先直行 10m 左右，然后在看前方的同时根据交通流的复杂程度适当反复扫视左后视镜，确认安全后，逐渐缓慢向左打方向。进入正常行驶车道后，以看前方为主，注意适时（20s 左右）扫视左、右后视镜，关左转向灯。正常行驶换档，过路口前在距离路口 3s 以上的行驶距离时喊"报告"，直行过路口时必须注意观察左右交通状况，确认安全后通过。左或右转弯时还要注意适当反复扫视左或右后视镜。

停车：开右转向灯，看右后视镜确认安全，逐渐减速靠边，注意看前方和右后视镜，并直接目视右侧确认安全，看准前方停车位置，踩离合器踏板和制动踏板（按平稳要领制动，为避免车辆点头，在即将停止的那一刻松一下制动踏板再踩下），注意右侧距离在 30 cm 以内。停好，拉驻车制动器，摘档，松离合器踏板和制动踏板，关右转向灯（城市公交车、大客车考试时看右后视镜，开乘客门），解安全带，说："报告考官，考试完毕，谢谢考官。"

附录 C　科目二电子考试程序

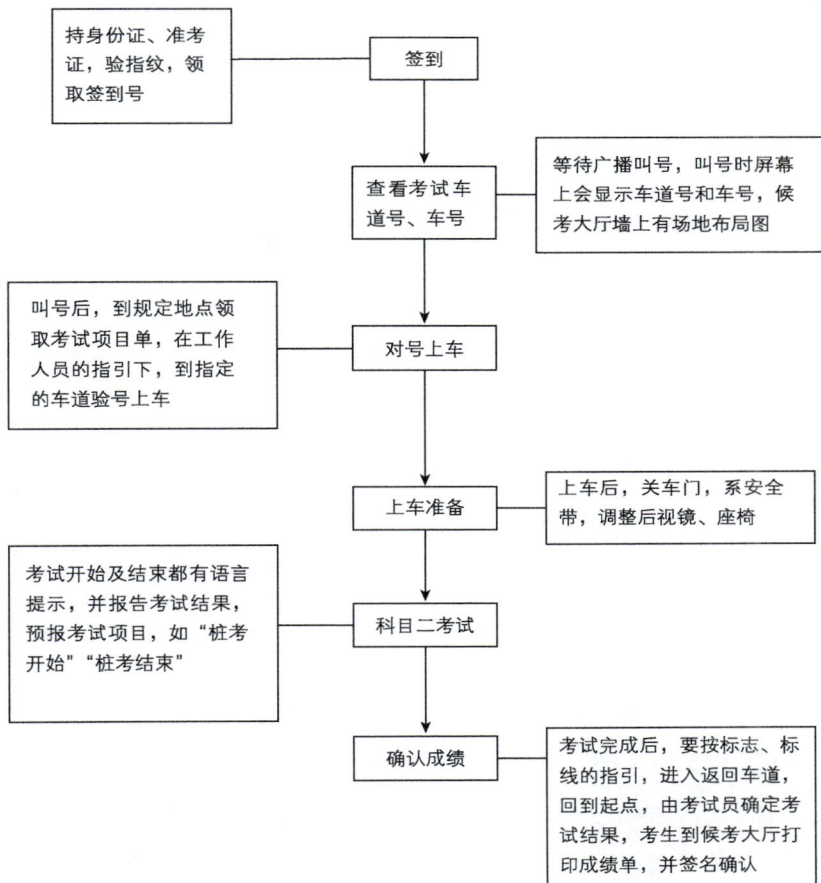

持身份证、准考证，验指纹，领取签到号	**签到**
	↓
查看考试车道号、车号	等待广播叫号，叫号时屏幕上会显示车道号和车号，候考大厅墙上有场地布局图
	↓
叫号后，到规定地点领取考试项目单，在工作人员的指引下，到指定的车道验号上车	**对号上车**
	↓
	上车准备 — 上车后，关车门，系安全带，调整后视镜、座椅
	↓
考试开始及结束都有语言提示，并报告考试结果，预报考试项目，如"桩考开始""桩考结束"	**科目二考试**
	↓
确认成绩	考试完成后，要按标志、标线的指引，进入返回车道，回到起点，由考试员确定考试结果，考生到候考大厅打印成绩单，并签名确认

注：各地有差别，仅供参考。

附录 D　科目三路考电子考试程序

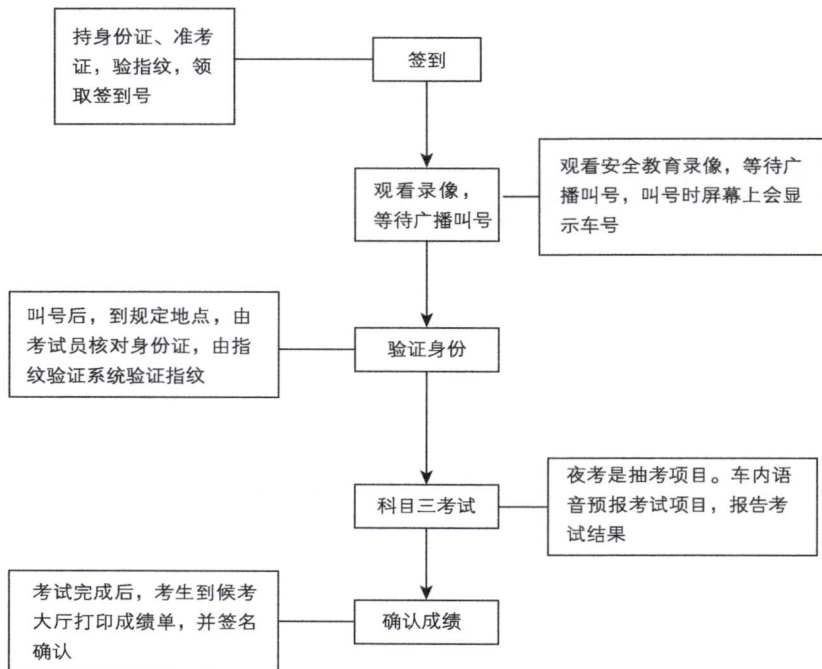

```
┌─────────────────┐         ┌─────────┐
│持身份证、准考     │         │  签到    │
│证，验指纹，领     │────────▶│         │
│取签到号          │         └─────────┘
└─────────────────┘              │
                                 ▼
                          ┌─────────────┐      ┌──────────────────┐
                          │观看录像，     │      │观看安全教育录像，等待广 │
                          │等待广播叫号   │◀────│播叫号，叫号时屏幕上会显 │
                          └─────────────┘      │示车号              │
                                 │            └──────────────────┘
┌─────────────────┐              ▼
│叫号后，到规定地点，由 │      ┌─────────┐
│考试员核对身份证，由指 │◀────│  验证身份  │
│纹验证系统验证指纹    │      └─────────┘
└─────────────────┘              │
                                 ▼
                          ┌─────────┐      ┌──────────────────┐
                          │科目三考试  │      │夜考是抽考项目。车内语 │
                          │         │◀────│音预报考试项目，报告考 │
                          └─────────┘      │试结果              │
                                 │        └──────────────────┘
┌─────────────────┐              ▼
│考试完成后，考生到候考 │      ┌─────────┐
│大厅打印成绩单，并签名 │◀────│  确认成绩  │
│确认              │      └─────────┘
└─────────────────┘
```

注：各地有差别，仅供参考。

附录 E　科目一试题精选

一、驾驶证申领及车辆登记

二、交通信号灯

（续）

三、通行规则

四、车辆驾驶基础

五、交通安全违法及交通事故

六、法律责任

附录 F　安全文明驾驶常识试题精选

一、安全装置

二、交通信号的应用

三、驾驶职业道德及案例分析

四、不同道路驾驶

（续）

五、紧急情况避险及意外情况处置

六、动画试题

七、多选试题